JN092751

〇の中の数字は、はるページだよ。

パラパラまんがやったよ！シール

毎日、勉強が終わったら、ページの左下にシールをはろう。

めじるしーる

覚えておきたいページの上をシールではさむようにしてはろう。

（きりとりせん）

漢検

6級

いちまるとはじめよう! わくわく漢検

改訂版

漢検 公益財団法人 日本漢字能力検定協会

もくじ

ふろくのシールとポスター※もあるまる！

※漢検ホームページからダウンロードできます。

この本の使い方

日本漢字能力検定6級は、小学校5年生で学ぶ漢字193字を中心に、それまでに学ぶ漢字をふくめた読み、書き、使い方などが出題されます。
本書はその193字を1日10分で1か月間、楽しみながら学ぶことができます。

漢字で遊ぼう！わくわく広場

これから習う漢字を使って、クイズやパズルで遊びましょう。

終わったら、シールをはりましょう。

漢字表・練習問題

漢字の意味や使う場面などで、テーマごとにわかれています。

1週目から5週目まで、わかれています。

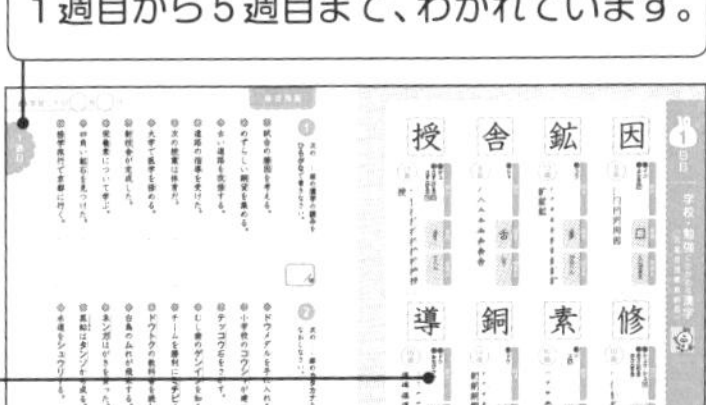

「漢字表」の「読み」は、音読みをカタカナで、訓読みをひらがなで示しています。中は中学校で習う読みで4級以上で出題対象に、高は高校で習う読みで準2級以上で出題対象になります。

「部首・部首名」は、漢検採用のものです。

復習問題

5日分の「漢字表」と「練習問題」が終わったら、「復習問題」をといてみましょう。

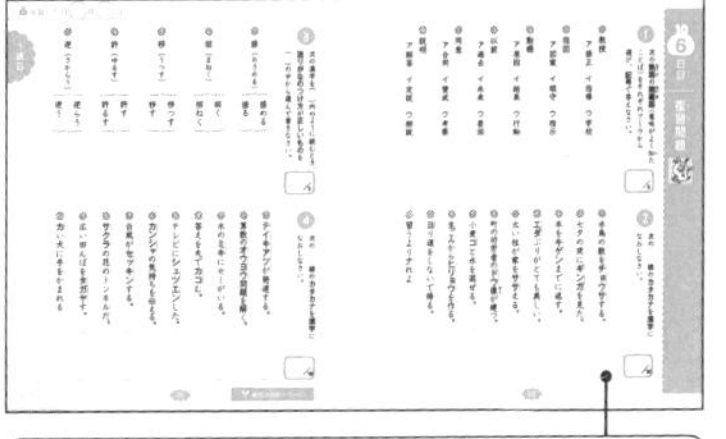

まちがえた問題は、「漢字表」を確認して、もう一度練習してみましょう。

テストにチャレンジ！

30日分の学習が終わったら、力だめしをしてみましょう。

いちまるの家族

宇宙のかなたから、漢字を学ぶためにやってきたなかよし家族

いちまる

ぷちまる

ちちまる

ははまる

おじじまる

おばばまる

いちまるの友達

ぎざるぼん

漢検ホームページ（https://www.kanken.or.jp/kanken/dl10/）から、漢字表のポスターをダウンロードできます。くわしくは、この本のカバーの折り返し部分をごらんください。

おうちの方へ
個人受検の申し込みについて

「漢検」とは

「日本漢字能力検定（漢検）」は、漢字能力を測定する技能検定です。
「漢字を読む」「漢字を書く」ための知識量だけでなく、漢字の意味を理解し、文章の中で適切に漢字を使いこなす能力も測ります。

1 受検級を決める

受検資格　制限はありません
実施級　1、準1、2、準2、3、4、5、6、7、8、9、10級
検定会場　全国主要都市約170か所に設置
（実施地区は検定の回ごとに決定）

2 検定に申し込む

ホームページ https://www.kanken.or.jp/ からお申し込みができます。
（クレジットカード決済、コンビニ決済が可能です）。

下記の二次元コードから日本漢字能力検定協会ホームページへ簡単にアクセスできます。

※申込方法など、変更になることがございます。
最新の情報はホームページをご確認ください。

3 受検票が届く

受検票は検定日の約1週間前にお届けします。4日前になっても届かない場合、協会までお問い合わせください。

お問い合わせ窓口

電話番号　フリーコール 0120-509-315（無料）
（海外からはご利用いただけません。
ホームページよりメールでお問い合わせください。）

お問い合わせ時間　月～金　9時00分～17時00分
（祝日・お盆・年末年始を除く）
※検定日とその前日の土、日は開設
※検定日は9時00分～18時00分

メールフォーム　https://www.kanken.or.jp/kanken/contact/

4 検定日当日

検定時間
2級　：10時00分～11時00分（60分間）
準2級：11時50分～12時50分（60分間）
8・9・10級：11時50分～12時30分（40分間）
1・3・5・7級：13時40分～14時40分（60分間）
準1・4・6級：15時30分～16時30分（60分間）

持ち物　受検票、鉛筆（HB、B、2Bの鉛筆またはシャープペンシル）、消しゴム
※ボールペン、万年筆などの使用は認められません。ルーペ持ち込み可。

忘れ物はないまる？

5 合否の通知

検定日の約40日後に、受検者全員に「検定結果通知」を郵送します。合格者には「合格証書」・「合格証明書」を同封します。欠席者には検定問題と標準解答をお送りします。受検票は検定結果が届くまで大切に保管してください。

合格しているまるかなぁ……

家族受検表彰制度について

家族で受検し合格された場合、個別の「合格証書」に加えて「家族合格表彰状」を贈呈する制度があります。申請方法や、その他注意事項は漢検ホームページにてご確認ください。

家族みんなでチャレンジするまる！

団体受検について

学校や企業などで志願者が一定以上まとまると、団体申込ができ、自分の学校や企業内で受検できる制度があります。団体申込を扱っているかどうかは、先生や人事関係の担当者にご確認ください。

「漢検」級別 主な出題内容

10級 …対象漢字数 80字
漢字の読み／漢字の書取／筆順・画数

9級 …対象漢字数 240字
漢字の読み／漢字の書取／筆順・画数

8級 …対象漢字数 440字
漢字の読み／漢字の書取／部首・部首名／筆順・画数／送り仮名／対義語／同じ漢字の読み

7級 …対象漢字数 642字
漢字の読み／漢字の書取／部首・部首名／筆順・画数／送り仮名／対義語／同音異字／三字熟語

6級 …対象漢字数 835字
漢字の読み／漢字の書取／部首・部首名／筆順・画数／送り仮名／対義語・類義語／同音・同訓異字／三字熟語／熟語の構成

5級 …対象漢字数 1026字
漢字の読み／漢字の書取／部首・部首名／筆順・画数／送り仮名／対義語・類義語／同音・同訓異字／誤字訂正／四字熟語／熟語の構成

4級 …対象漢字数 1339字
漢字の読み／漢字の書取／部首・部首名／送り仮名／対義語・類義語／同音・同訓異字／誤字訂正／四字熟語／熟語の構成

3級 …対象漢字数 1623字
漢字の読み／漢字の書取／部首・部首名／送り仮名／対義語・類義語／同音・同訓異字／誤字訂正／四字熟語／熟語の構成

準2級 …対象漢字数 1951字
漢字の読み／漢字の書取／部首・部首名／送り仮名／対義語・類義語／同音・同訓異字／誤字訂正／四字熟語／熟語の構成

2級 …対象漢字数 2136字
漢字の読み／漢字の書取／部首・部首名／送り仮名／対義語・類義語／同音・同訓異字／誤字訂正／四字熟語／熟語の構成

準1級 …対象漢字数 約3000字
漢字の読み／漢字の書取／故事・諺／対義語・類義語／同音・同訓異字／誤字訂正／四字熟語

1級 …対象漢字数 約6000字
漢字の読み／漢字の書取／故事・諺／対義語・類義語／同音・同訓異字／誤字訂正／四字熟語

※ここに示したのは出題分野の一例です。毎回すべての分野から出題されるとは限りません。また、このほかの分野から出題されることもあります。

日本漢字能力検定採点基準 最終改定：平成25年4月1日

1 採点の対象
筆画を正しく、明確に書かれた字を採点の対象とし、くずした字や、乱雑に書かれた字は採点の対象外とする。

2 字種・字体
①2～10級の解答は、内閣告示「常用漢字表」（平成二十二年）による。ただし、旧字体での解答は正答とは認めない。
②1級および準1級の解答は、『漢検要覧 1／準1級対応』（公益財団法人日本漢字能力検定協会発行）に示す「標準字体」「許容字体」「旧字体一覧表」による。

3 読み
①2～10級の解答は、内閣告示「常用漢字表」（平成二十二年）による。
②1級および準1級の解答には、①の規定は適用しない。

4 仮名遣い
仮名遣いは、内閣告示「現代仮名遣い」による。

5 送り仮名
送り仮名は、内閣告示「送り仮名の付け方」による。

6 部首
部首は、『漢検要覧 2～10級対応』（公益財団法人日本漢字能力検定協会発行）収録の「部首一覧表と部首別の常用漢字」による。

7 筆順
筆順の原則は、文部省編『筆順指導の手びき』（昭和三十三年）による。常用漢字一字一字の筆順は、『漢検要覧 2～10級対応』収録の「常用漢字の筆順一覧」による。

8 合格基準

級	満点	合格
1級／準1級／2級	二〇〇点	八〇％程度
準2級／3級／4級／5級／6級／7級	二〇〇点	七〇％程度
8級／9級／10級	一五〇点	八〇％程度

※部首、筆順は『漢検 漢字学習ステップ』など公益財団法人日本漢字能力検定協会発行図書でも参照できます。

日本漢字能力検定審査基準

10級

程度　小学校第1学年の学習漢字を理解し、文や文章の中で使える。

領域・内容

《読むことと書くこと》　小学校学年別漢字配当表の第1学年の学習漢字を読み、書くことができる。

《筆順》　点画の長短、接し方や交わり方、筆順および総画数を理解している。

9級

程度　小学校第2学年までの学習漢字を理解し、文や文章の中で使える。

領域・内容

《読むことと書くこと》　小学校学年別漢字配当表の第2学年までの学習漢字を読み、書くことができる。

《筆順》　点画の長短、接し方や交わり方、筆順および総画数を理解している。

8級

程度　小学校第3学年までの学習漢字を理解し、文や文章の中で使える。

領域・内容

《読むことと書くこと》　小学校学年別漢字配当表の第3学年までの学習漢字を読み、書くことができる。

◉音読みと訓読みとを理解していること

◉送り仮名に注意して正しく書けること（食べる、楽しい、後ろ　など）

◉対義語の大体を理解していること（勝つ―負ける、重い―軽い　など）

◉同音異字を理解していること（反対、体育、期待、太陽　など）

《筆順》　筆順、総画数を正しく理解している。

《部首》　主な部首を理解している。

7級

程度　小学校第4学年までの学習漢字を理解し、文章の中で正しく使える。

領域・内容

《読むことと書くこと》　小学校学年別漢字配当表の第4学年までの学習漢字を読み、書くことができる。

◉音読みと訓読みとを正しく理解していること

◉送り仮名に注意して正しく書けること（等しい、短い、流れる　など）

◉熟語の構成を知っていること

◉対義語の大体を理解していること（入学―卒業、成功―失敗　など）

◉同音異字を理解していること（健康、高校、公共、外交　など）

《筆順》　筆順、総画数を正しく理解している。

《部首》　部首を理解している。

6級

程度　小学校第5学年までの学習漢字を理解し、文章の中で漢字が果たしている役割を知り、正しく使える。

領域・内容

《読むことと書くこと》　小学校学年別漢字配当表の第5学年までの学習漢字を読み、書くことができる。

◉音読みと訓読みとを正しく理解していること

◉送り仮名や仮名遣いに注意して正しく書けること（求める、失う　など）

◉熟語の構成を知っていること（上下、絵画、大木、読書、不明　など）

◉対義語、類義語の大体を理解していること（禁止―許可、平等―均等　など）

◉同音・同訓異字を正しく理解していること

《筆順》　筆順、総画数を正しく理解している。

《部首》　部首を理解している。

5級

程度　小学校第6学年までの学習漢字を理解し、文章の中で漢字が果たしている役割に対する知識を身に付け、漢字を文章の中で適切に使える。

領域・内容

《読むことと書くこと》　小学校学年別漢字配当表の第6学年までの学習漢字を読み、書くことができる。

◉音読みと訓読みとを正しく理解していること

◉送り仮名や仮名遣いに注意して正しく書けること

◉熟語の構成を知っていること

◉対義語、類義語を正しく理解していること

◉同音・同訓異字を正しく理解していること

《四字熟語》　四字熟語を正しく理解している（有名無実、郷土芸能　など）。

《筆順》　筆順、総画数を正しく理解している。

《部首》　部首を理解し、識別できる。

漢字で遊ぼう！
1週目
わくわく広場
1
今週は
どんな漢字を
学ぶまる？
いたずらネコが、
たなのコップを落として
わってしまった！
われたのはどんな字が
書いてあったコップかな。
下から選んで
○をつけよう。
因
夫
仐
比
全
采
ネコがコップを
わっちゃった!!
賛
河
責
圧
混

10

1週目に学ぶ漢字だよ

因鉱舎授修素銅導桜河幹耕枝飼肥粉圧囲移営

演応過解確慣寄逆許限混査採賛支示謝招責接

解答(かいとう)は別冊(べっさつ)11ページ

ここにシールをはろう！

10 1日目

学校・勉強にかかわる漢字
（因鉱舎授修素銅導）

因

読み
音 イン
訓 よ(る) 高

6画

部首 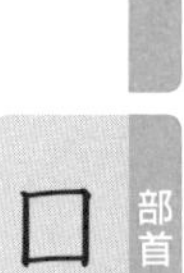
部首名 くにがまえ

鉱

読み
音 コウ

13画

部首 金
部首名 かねへん

舎

読み
音 シャ

8画

部首 舌
部首名 した

授

読み
音 ジュ
訓 さず(ける) 中
さず(かる) 中

11画

部首 扌
部首名 てへん

修

読み
音 シュウ・シュ 中
訓 おさ(める)
おさ(まる)

10画

部首 亻
部首名 にんべん

素

読み
音 ソ
ス 中

10画

部首 糸
部首名 いと

銅

読み
音 ドウ

14画

部首 金
部首名 かねへん

導

読み
音 ドウ
訓 みちび(く)

15画

部首 寸
部首名 すん

1 次の――線の**漢字**の**読み**を**ひらがな**で書きなさい。

❶ 試合の勝因を考える。
❷ めずらしい銅貨を集める。
❸ 古い道路を改修する。
❹ 進路の指導を受けた。
❺ 次の授業は体育だ。
❻ 大学で医学を修める。
❼ 新校舎が完成した。
❽ 栄養素について学ぶ。
❾ 四角い鉱石を見つけた。
❿ 修学旅行で京都に行く。

/10

2 次の――線の**カタカナ**を**漢字**になおしなさい。

❶ **ドウ**メダルを手に入れる。
❷ 小学校の**コウシャ**が建つ。
❸ **テッコウ**石をさがす。
❹ むし歯の**ゲンイン**を知る。
❺ チームを勝利に**ミチビ**く。
❻ **ドウトク**の教科書を読む。
❼ 白鳥の**ム**れが飛来する。
❽ **ネンガ**はがきを買った。
❾ 黒鉛(こくえん)は**タンソ**から成る。
❿ 水道を**シュウリ**する。

/10

ここにシールをはろう！

解答(かいとう)は別冊(べっさつ)2ページ

2日目

自然にかかわる漢字（桜河幹耕枝飼肥粉）

桜

- 読み：音 オウ 高　訓 さくら
- 部首：木
- 部首名：きへん
- 10画

河

- 読み：音 カ　訓 かわ
- 部首：氵
- 部首名：さんずい
- 8画

幹

- 読み：音 カン　訓 みき
- 部首：干
- 部首名：かん・いちじゅう
- 13画

耕

- 読み：音 コウ　訓 たがや(す)
- 部首：耒
- 部首名：すきへん・らいすき
- 10画

枝

- 読み：音 シ 高　訓 えだ
- 部首：木
- 部首名：きへん
- 8画

飼

- 読み：音 シ　訓 か(う)
- 部首：𩙿
- 部首名：しょくへん
- 13画

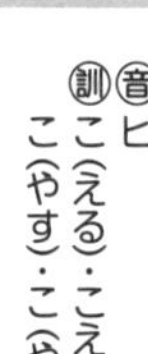

肥

- 読み：音 ヒ　訓 こ(える)・こえ・こ(やす)・こ(やし)
- 部首：月
- 部首名：にくづき
- 8画

粉

- 読み：音 フン　訓 こ・こな
- 部首：米
- 部首名：こめへん
- 10画

1

次の——線の**漢字**の**読み**を**ひらがな**で書きなさい。

1. いちまるは桜が大好きだ。（　　）
2. 広い運河だ。（　　）
3. 土をよく耕す。（　　）
4. 馬を飼育する。（　　）
5. 畑に肥料をまく。（　　）
6. 梅の小枝がのびている。（　　）
7. 牛のふんで肥やしを作る。（　　）
8. 太い木の幹を観察する。（　　）
9. 耕地に花の種を植える。（　　）
10. スギの花粉が飛ぶ季節だ。（　　）

／10

2

次の漢字の**部首**を後の□から選び、**記号**で答えなさい。

〈例〉花・茶（ア）

1. 節・管（　　）
2. 完・富（　　）
3. 銅・鉱（　　）
4. 照・然（　　）
5. 都・郡（　　）
6. 関・開（　　）
7. 桜・枝（　　）
8. 因・園（　　）

ア 艹	イ 阝	ウ 木
エ 宀	オ 灬	カ 門
キ 金	ク 口	ケ ⺮

／8

ここにシールをはろう！

解答は別冊2ページ

10日 3日目

動きにかかわる漢字（圧囲移営演応過解）

圧

音 アツ

部首：土　部首名：つち

5画

囲

音 イ
訓 かこ（む）・かこ（う）

部首：囗　部首名：くにがまえ

7画

移

音 イ
訓 うつ（る）・うつ（す）

部首：禾　部首名：のぎへん

11画

移

営

音 エイ
訓 いとな（む）

部首：⺍　部首名：つかんむり

12画

営営

演

音 エン

部首：氵　部首名：さんずい

14画

演演演演

応

音 オウ
訓 こた（える）

部首：心　部首名：こころ

7画

過

音 カ
訓 す（ぎる）・す（ごす）・あやま（つ）高・あやま（ち）高

部首：辶　部首名：しんにょう・しんにゅう

12画

過過

解

音 カイ・ゲ高
訓 と（く）・と（かす）・と（ける）

部首：角　部首名：つのへん

13画

解解解

1 次の――線の**漢字**の**読み**を**ひらがな**で書きなさい。

1 列島が高気圧におおわれる。
2 クラスの問題を解決する。
3 記者の質問に応じる。
4 小さな町工場を営む。
5 川の近くに移動する。
6 劇で主役を演じる。
7 小鳥が枝から枝へ移る。
8 家族でテーブルを囲む。
9 深夜も営業している店だ。
10 薬も過ぎれば毒となる

／10

2 次の語の**カタカナ**で表した部分にあてはまる漢字を後の□の中から選び、**三字の熟語**を作りなさい。□の中の漢字は**一度だけ**使い、**漢字一字**を書きなさい。

1 新校**シャ**
2 血**アツ**計
3 **シ**育係
4 鉄**コウ**石
5 新**カン**線
6 初出**エン**
7 栄養**ソ**
8 **オウ**接室

舎・鉱・素・幹・飼・演・圧・応

／8

ここにシールをはろう！

解答は別冊2ページ

4日目

動きにかかわる漢字
（確慣寄逆許限混査）

確
15画
読み
音 カク
訓 たし(か)
　 たし(かめる)
部首 石
部首名 いしへん

慣
14画
読み
音 カン
訓 な(れる)
　 な(らす)
部首 忄
部首名 りっしんべん

寄
11画
読み
音 キ
訓 よ(る)
　 よ(せる)
部首 宀
部首名 うかんむり

逆
9画
読み
音 ギャク
訓 さか
　 さか(らう)
部首 辶
部首名 しんにょう　しんにゅう

許
11画
読み
音 キョ
訓 ゆる(す)
部首 言
部首名 ごんべん

限
9画
読み
音 ゲン
訓 かぎ(る)
部首 阝
部首名 こざとへん

混
11画
読み
音 コン
訓 ま(じる)・ま(ざる)
　 ま(ぜる)・こ(む)
部首 氵
部首名 さんずい

査
9画
読み
音 サ
部首 木
部首名 き

1

次の――線の**漢字**の**読み**を**ひらがな**で書きなさい。

❶ 青と白の絵の具を混ぜる。（　　）
❷ 相手のあやまちを許す。（　　）
❸ 歯みがきは毎日の習慣だ。（　　）
❹ 試合は後半で逆転した。（　　）
❺ 定規（じょうぎ）で正確に図形をかく。（　　）
❻ 市の人口を調査する。（　　）
❼ 魚が流れに逆らって泳ぐ。（　　）
❽ 本当かどうか確かめる。（　　）
❾ 期限まであと三日だ。（　　）
❿ 三人寄ればもんじゅのちえ（　　）

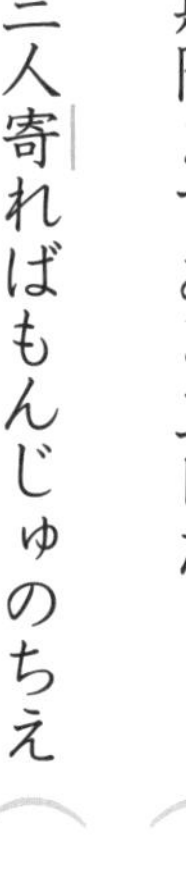

／10

2

次の――線の漢字の読みは**音読み**（**ア**）ですか、**訓読み**（**イ**）ですか。**記号**で答えなさい。

❶ 粉雪（こなゆき）（　　）
❷ 花粉（かふん）（　　）
❸ 混合（こんごう）（　　）
❹ 人混み（ひとごみ）（　　）
❺ 寄せる（よせる）（　　）
❻ 寄付（きふ）（　　）

❼ 営む（いとなむ）（　　）
❽ 営業（えいぎょう）（　　）
❾ 限定（げんてい）（　　）
❿ 限り（かぎり）（　　）

／10

ここにシールをはろう！

解答は別冊（べっさつ）2ページ

5日目

動きにかかわる漢字（採賛支示謝招責接）

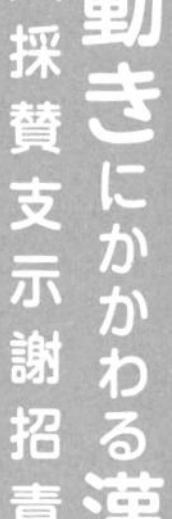

採

11画

読み：音 サイ　訓 と(る)

部首：扌　部首名：てへん

賛

15画

読み：音 サン

部首：貝　部首名：かい・こがい

支

4画

読み：音 シ　訓 ささ(える)

部首：支　部首名：し

示

5画

読み：音 ジ・シ中　訓 しめ(す)

部首：示　部首名：しめす

謝

17画

読み：音 シャ　訓 あやま(る)中

部首：言　部首名：ごんべん

招

8画

読み：音 ショウ　訓 まね(く)

部首：扌　部首名：てへん

責

11画

読み：音 セキ　訓 せ(める)

部首：貝　部首名：かい・こがい

接

11画

読み：音 セツ　訓 つ(ぐ)高

部首：扌　部首名：てへん

1 次の――線の**漢字**の**読み**を**ひらがな**で書きなさい。

❶ 山に入ってきのこを採る。
❷ 母に心から感謝する。
❸ 自分で自分の失敗を責める。
❹ 先生を家に招待する。
❺ 今夜の試合は接戦だった。
❻ 兄の意見に賛成する。
❼ パーティーに友達を招く。
❽ 後続の電車と接続する。
❾ 家族で支え合ってくらす。
❿ 地図を出して位置を示す。

／10

2 次の**漢字**の**筆順**を、○の中に**数字**で書きなさい。

〈例〉

❶ 圧

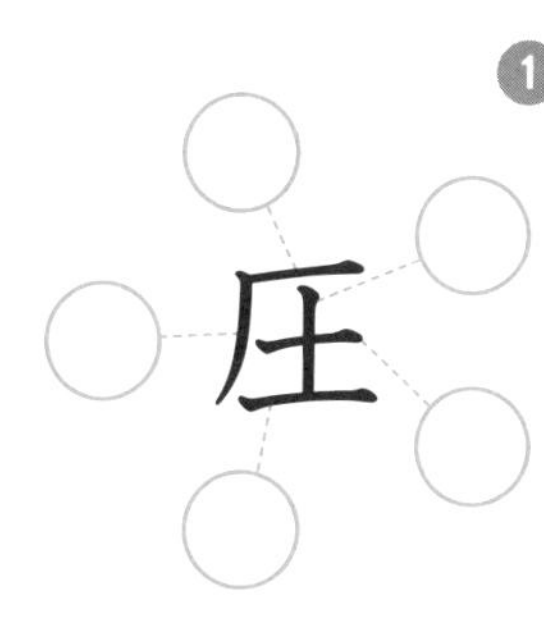

❷ 示

❸ 枝

❹ 応

／4

6日目 復習問題

1

次の**熟語**の**類義語**（意味がよく似たことば）をそれぞれア〜ウから選び、**記号**で答えなさい。

／6

① 教授　ア 修正　イ 指導　ウ 学校

② 指図　ア 図案　イ 順守　ウ 指示

③ 動機　ア 原因　イ 結果　ウ 行動

④ 以前　ア 過去　イ 未来　ウ 要因

⑤ 同意　ア 合同　イ 賛成　ウ 考察

⑥ 説明　ア 解答　イ 定説　ウ 解説

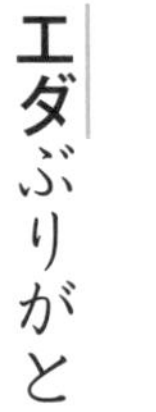

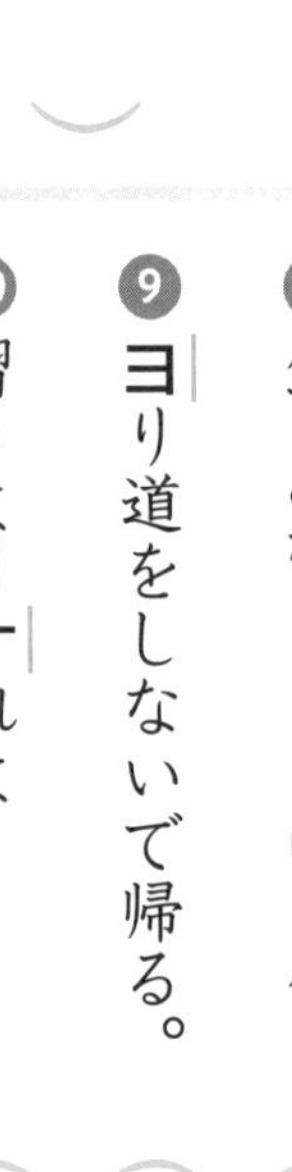

2

次の――線の**カタカナ**を**漢字**になおしなさい。

／10

① 水鳥の数を**チョウサ**する。

② 七夕の夜に**ギンガ**を見た。

③ 本を**キゲン**までに返す。

④ **エダ**ぶりがとても美しい。

⑤ 太い柱が家を**ササ**える。

⑥ 町の功労者の**ドウ**像が建つ。

⑦ 小麦**コ**と水を混ぜる。

⑧ 生ごみから**ヒリョウ**を作る。

⑨ **ヨ**り道をしないで帰る。

⑩ 習うより**ナ**れよ

3

次の漢字を〔　〕内のように読むとき、**送りがなのつけ方が正しいものを**〔　〕の中から選んで書きなさい。

／5

❶ 修〔おさめる〕｛修める　修る｝

❷ 招〔まねく〕｛招く　招ねく｝

❸ 移〔うつす〕｛移つす　移す｝

❹ 許〔ゆるす〕｛許す　許るす｝

❺ 逆〔さからう〕｛逆らう　逆う｝

4

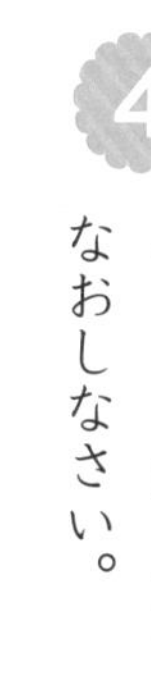

次の――線の**カタカナ**を**漢字**になおしなさい。

／10

❶ **テイキアツ**が発達する。

❷ 算数の**オウヨウ**問題を解く。

❸ 木の**ミキ**にセミがいる。

❹ 答えを丸で**カコ**む。

❺ テレビに**シュツエン**した。

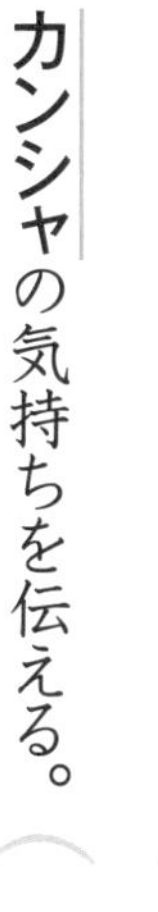

❻ **カンシャ**の気持ちを伝える。

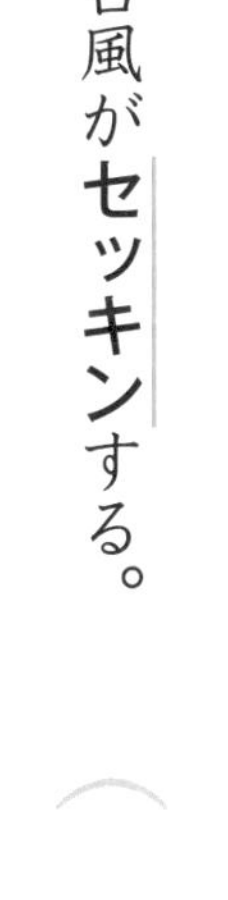

❼ 台風が**セッキン**する。

❽ **サクラ**の花のトンネルだ。

❾ 広い田んぼを**タガヤ**す。

❿ **カ**い犬に手をかまれる

解答は別冊3ページ

漢字で遊ぼう！
2週目

わくわく広場 ②

新しいゲームにチャレンジ！
漢字の書いてある▽が落ちてきて、
同じ漢字の書かれた○とくっつくと、
その▽と○は消えるよ。
これから消える▽と○を、
えんぴつでぬろう。残る○はどれかな？

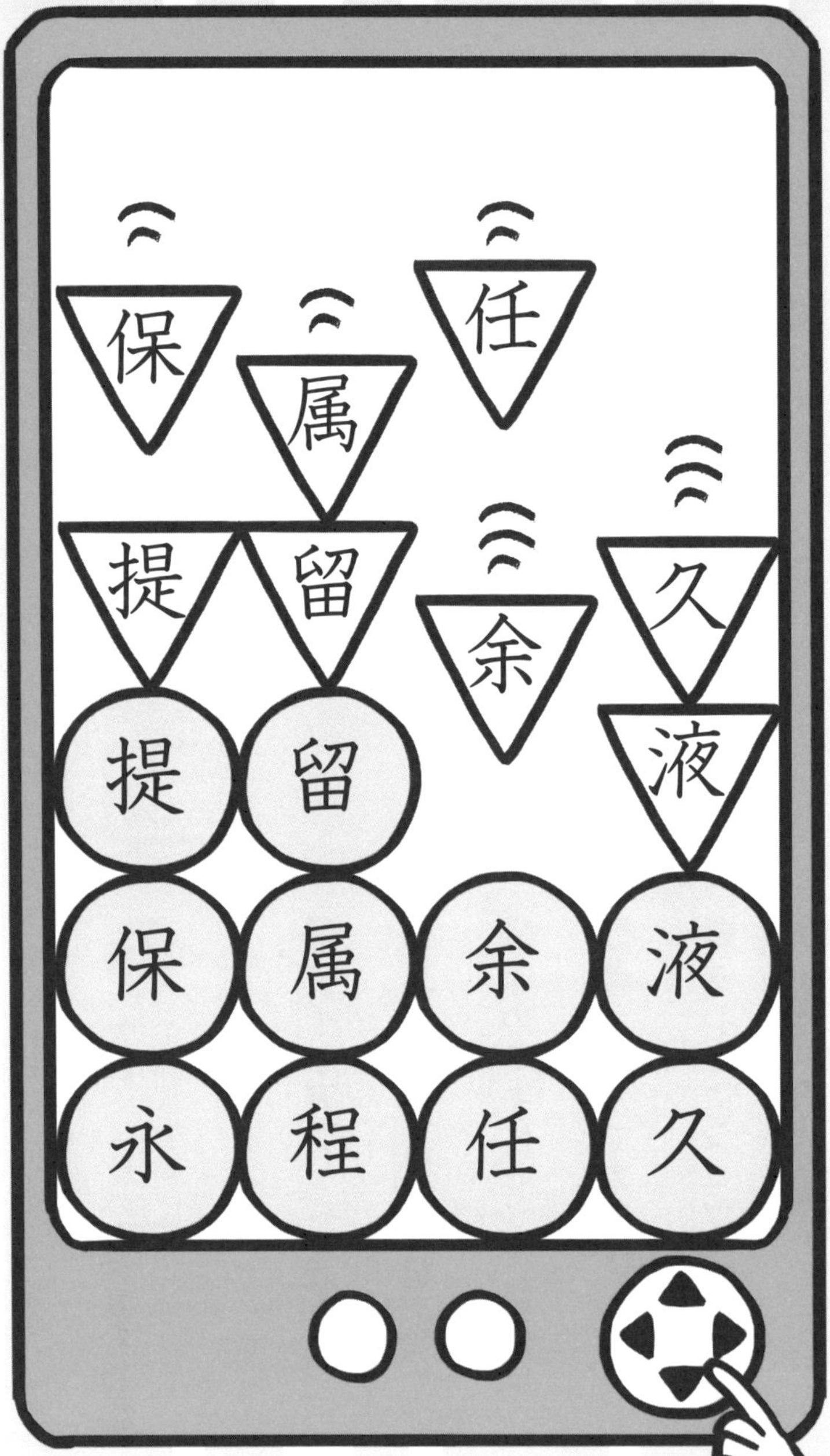

保　属　任
提　留　余　久
液

提　留
保　属　余　液
永　程　任　久

どちらも○が
2個ずつ残るよ。

10

2週目に学ぶ漢字だよ

設絶測属貸断張停提統任燃破備評保務迷余容

留永久易潔厚雑象勢程液眼妻師性毒婦脈

燃
迷
雑
師
勢
断
潔
張
務

張　務　潔
師　断　勢　雑
燃　迷　評　測

解答は別冊(べっさつ)11ページ

ここにシールをはろう!

動きにかかわる漢字（設絶測属貸断張停）

設

- 読み：音 セツ　訓 もう(ける)
- 部首：言
- 部首名：ごんべん
- 11画

設設設設設設設設設設
設

絶

- 読み：音 ゼツ　訓 た(える)・た(やす)　た(つ)
- 部首：糸
- 部首名：いとへん
- 12画

絶絶絶絶絶絶絶絶絶絶絶絶
絶絶

測

- 読み：音 ソク　訓 はか(る)
- 部首：氵
- 部首名：さんずい
- 12画

測測測測測測測測測測測測
測測

属

- 読み：音 ゾク
- 部首：尸
- 部首名：かばね　しかばね
- 12画

属属属属属属属属属属属属
属属

貸

- 読み：音 タイ中　訓 か(す)
- 部首：貝
- 部首名：かい　こがい
- 12画

貸貸貸貸貸貸貸貸貸貸貸貸
貸貸

断

- 読み：音 ダン　訓 ことわ(る)　た(つ)中
- 部首：斤
- 部首名：おのづくり
- 11画

断断断断断断断断断断断
断

張

- 読み：音 チョウ　訓 は(る)
- 部首：弓
- 部首名：ゆみへん
- 11画

張張張張張張張張張張張
張

停

- 読み：音 テイ
- 部首：亻
- 部首名：にんべん
- 11画

停停停停停停停停停停停
停

1

次の——線の**漢字**の**読み**を**ひらがな**で書きなさい。

1. テントをきれいに張る。（　）
2. 絶好の海水浴びよりだ。（　）
3. バスが信号で停車する。（　）
4. 体重を測定する。（　）
5. 友達にえんぴつを貸した。（　）
6. 人通りが絶える時間だ。（　）
7. この花はバラ科に属する。（　）
8. 体育館の建設が始まる。（　）
9. 遊びのさそいを断る。（　）
10. 指をもって河を測る（　）

／10

2

次の語は、**上の字が下の字の意味を説明（修飾）しているもの**です。（　）にあてはまる漢字を□の中から選び、**熟語**を作りなさい。□の中の漢字は**一度だけ**使い、**漢字一字**を書きなさい。

1. （　）線
2. 新（　）
3. 水（　）
4. 小（　）
5. 氷（　）

銅・枝・圧・河・設

／5

解答は別冊3ページ

ここにシールをはろう！

動きにかかわる漢字（提統任燃破備評）

提

読み：音 テイ　訓 さ(げる)中

部首：扌　部首名：てへん

12画

提提提提提提提提提提提提

統

読み：音 トウ　訓 す(べる)高

部首：糸　部首名：いとへん

12画

統統統統統統統統統統統統

任

読み：音 ニン　訓 まか(せる)・まか(す)

部首：亻　部首名：にんべん

6画

任任任任任任

燃

読み：音 ネン　訓 も(える)・も(やす)・も(す)

部首：火　部首名：ひへん

16画

燃燃燃燃燃燃燃燃燃燃燃燃燃燃燃燃

破

読み：音 ハ　訓 やぶ(る)・やぶ(れる)

部首：石　部首名：いしへん

10画

破破破破破破破破破破

備

読み：音 ビ　訓 そな(える)・そな(わる)

部首：亻　部首名：にんべん

12画

備備備備備備備備備備備備

評

読み：音 ヒョウ

部首：言　部首名：ごんべん

12画

評評評評評評評評評評評評

練習しよう！

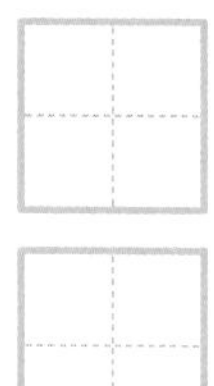
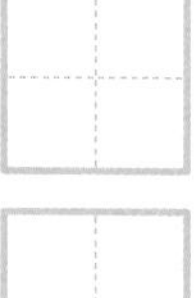
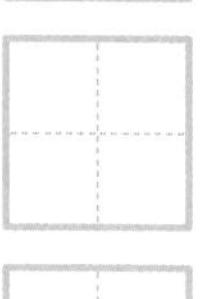

1 次の――線の**漢字**の**読み**を**ひらがな**で書きなさい。

❶ 天下を統一する。（　　）
❷ かまどでまきが赤く燃える。（　　）
❸ 委員会の司会を任された。（　　）
❹ 町の伝統の祭りを守る。（　　）
❺ プリントを提出する。（　　）
❻ 水泳の世界記録を破る。（　　）
❼ 野球選手が守備につく。（　　）
❽ ストーブに燃料を入れる。（　　）
❾ 高い評価（か）を受けた。（　　）
❿ 備えあればうれいなし（　　）

／10

2 次の漢字の**部首名**と**部首**を書きなさい。**部首名**は［　］から、**部首**は［　］から選んで**記号**で答えなさい。

〈例〉花・茶（ア）〔1〕
　部首名　部首

❶ 河・測（　　）〔　　〕
❷ 接・授（　　）〔　　〕
❸ 貸・責（　　）〔　　〕
❹ 官・寄（　　）〔　　〕
❺ 確・破（　　）〔　　〕

ア くさかんむり　イ いしへん
ウ うかんむり　エ かい・こがい
オ てへん　カ さんずい

1 艹　2 氵　3 扌　4 石　5 貝　6 宀

／10

ここにシールをはろう！

解答は別冊（べっさつ）4ページ

9日目

動きにかかわる漢字（保務迷余容留）／様子・程度にかかわる漢字（永久）

保
9画
読み　音 ホ　訓 たも(つ)
部首 亻　部首名 にんべん

務
11画
読み　音 ム　訓 つと(める)　つと(まる)
部首 力　部首名 ちから

迷
9画
読み　音 メイ 中　訓 まよ(う)
部首 辶　部首名 しんにょう しんにゅう

余
7画
読み　音 ヨ　訓 あま(る)　あま(す)
部首 人　部首名 ひとやね

容
10画
読み　音 ヨウ
部首 宀　部首名 うかんむり

留
10画
読み　音 リュウ・ル　訓 と(める)　と(まる)
部首 田　部首名 た

永
5画
読み　音 エイ　訓 なが(い)
部首 水　部首名 みず

久
3画
読み　音 キュウ　ク 高　訓 ひさ(しい)
部首 ノ　部首名 の はらいぼう

1

次の――線の**漢字**の**読み**を**ひらがな**で書きなさい。

❶ 部屋の温度を一定に保つ。
❷ コーチの目に留まる。
❸ 旅行中に道に迷う。
❹ 児童会の書記を務める。
❺ 妹と留守番をする。
❻ 薬をたなに保管する。
❼ 美容に関心が強い。
❽ 容器を水であらう。
❾ 永久の平和を願う。
❿ 余り物には福がある

／10

2

次の漢字を〔　〕内のように読むとき、**送りがなのつけ方**が**正しいもの**を｛　｝の中から選んで書きなさい。

❶ 測〔はかる〕｛測る・測かる｝
❷ 確〔たしかめる〕｛確かめる・確める｝
❸ 任〔まかせる〕｛任かせる・任せる｝
❹ 久〔ひさしい〕｛久い・久しい｝
❺ 破〔やぶれる〕｛破る・破れる｝

／5

ここにシールをはろう！

解答は別冊4ページ

様子・程度にかかわる漢字（易潔厚雑象勢程）

易

8画

読み：音 エキ、イ　訓 やさ(しい)

部首：日　部首名：ひ

潔

15画

読み：音 ケツ　訓 いさぎよ(い)高

部首：氵　部首名：さんずい

厚

9画

読み：音 コウ中　訓 あつ(い)

部首：厂　部首名：がんだれ

雑

14画

読み：音 ザツ、ゾウ

部首：隹　部首名：ふるとり

象

12画

読み：音 ショウ、ゾウ

部首：豕　部首名：ぶた、いのこ

勢

13画

読み：音 セイ　訓 いきお(い)

部首：力　部首名：ちから

程

12画

読み：音 テイ　訓 ほど中

部首：禾　部首名：のぎへん

練習しよう！

1

次の――線の**漢字**の**読み**を**ひらがな**で書きなさい。

1. ギターの音程が合わない。
2. 人と車で混雑している。
3. 遠足の日程を決める。
4. 明るい声が印象に残る人だ。
5. 清潔なシャツを着る。
6. 厚手の紙をはさみで切る。
7. 今日のテストは易しかった。
8. 旅行の計画を提示する。
9. 庭に生えた雑草を取る。
10. 台風の勢力がおとろえる。

／10

2

次の**漢字**が――線の**カタカナ**にあてはまるものをそれぞれア・イから選び、**記号**で答えなさい。

1. 慣らす
   - ㋐ 口笛を**ナ**らす。
   - ㋑ 体を水に**ナ**らす。
2. 厚い
   - ㋐ **アツ**い雲が空をおおう。
   - ㋑ **アツ**いお茶を飲む。
3. 飼う
   - ㋐ 店でパンを**カ**う。
   - ㋑ 庭で犬を**カ**う。
4. 対象
   - ㋐ 調査**タイショウ**になる。
   - ㋑ 好みが**タイショウ**的だ。

／4

ここにシールをはろう！

解答は別冊(べっさつ)4ページ

人間・体にかかわる漢字（液眼妻師性毒婦脈）

液

11画

読み：音 エキ

部首：氵

部首名：さんずい

眼

11画

読み：音 ガン、ゲン 高／訓 まなこ 中

部首：目

部首名：めへん

妻

8画

読み：音 サイ／訓 つま

部首：女

部首名：おんな

師

10画

読み：音 シ

部首：巾

部首名：はば

性

8画

読み：音 セイ、ショウ 中

部首：忄

部首名：りっしんべん

毒

8画

読み：音 ドク

部首：毋

部首名：なかれ

婦

11画

読み：音 フ

部首：女

部首名：おんなへん

脈

10画

読み：音 ミャク

部首：月

部首名：にくづき

1 次の——線の**漢字**の**読み**を**ひらがな**で書きなさい。

1 オリオン座(ざ)を肉眼でさがす。（　　）
2 いちまるはやさしい性格(かく)だ。（　　）
3 姉は教師だ。（　　）
4 脈はくを測る。（　　）
5 手を消毒する。（　　）
6 血液の検査(けんさ)を受ける。（　　）
7 妻と手をつないで歩く。（　　）
8 主婦が考案したおかしだ。（　　）
9 マラソンで脈が速くなる。（　　）
10 景色が眼下に広がる。（　　）

／10

2 上の読みの漢字を□の中から選び、（　）にあてはめて**熟語**(じゅくご)を作りなさい。答えは**記号**で書きなさい。

サイ	カン	エイ	コウ
1（　）子・2（　）点	3（　）線・4（　）習	5（　）住・6（　）運	7（　）山・8（　）農

ア 永　イ 耕　ウ 幹　エ 営
オ 鉱　カ 採　キ 妻　ク 慣

／8

解答は別冊(べっさつ)4ページ

10
12日目

復習問題

1

次の語は、**下の字から上の字へ返って読むと意味がよくわかる**ものです。（　）にあてはまる漢字を□の中から選び、**熟語**を作りなさい。□の中の漢字は**一度だけ**使い、**漢字一字**を書きなさい。

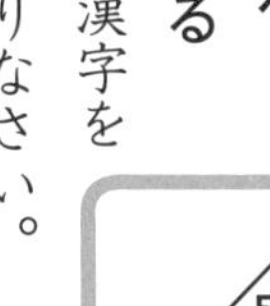

／5

① （　　）血
② （　　）温
③ （　　）熱
④ （　　）港
⑤ （　　）食

採・寄・断・保・絶

2

次の――線の**カタカナ**を**漢字**になおしなさい。

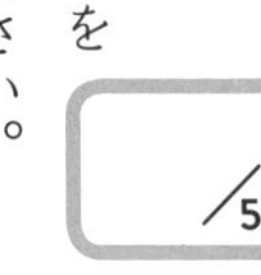

／10

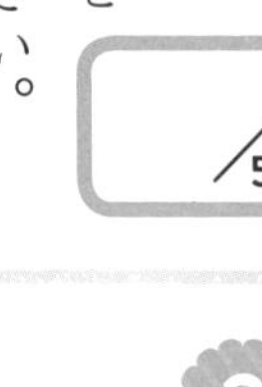

① **ニクガン**で星を見る。（　　）
② 妹の**テイアン**を受け入れる。（　　）
③ **デントウ**的な衣服を着る。（　　）
④ どちらにしようか**マヨ**う。（　　）
⑤ 日本の**サンミャク**を調べる。（　　）
⑥ 天体**カンソク**に熱中する。（　　）

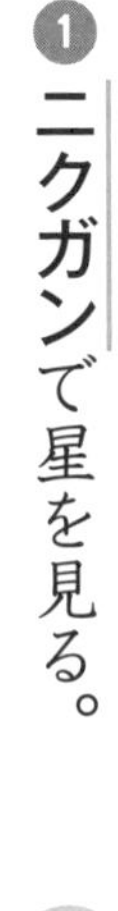

⑦ 鉄や銅は**キンゾク**だ。（　　）

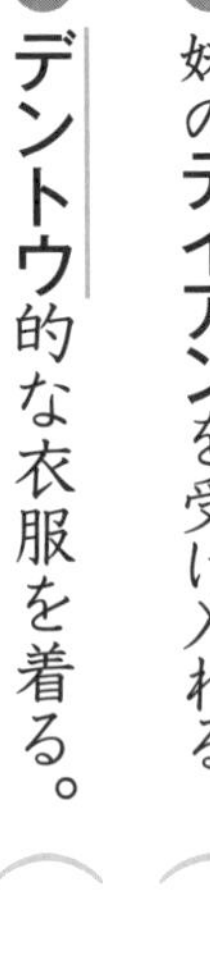

⑧ **キショウ**衛星を打ち上げる。（　　）

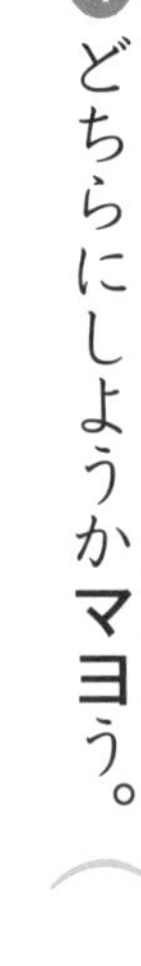

⑨ この辞書は**ブアツ**くて重い。（　　）

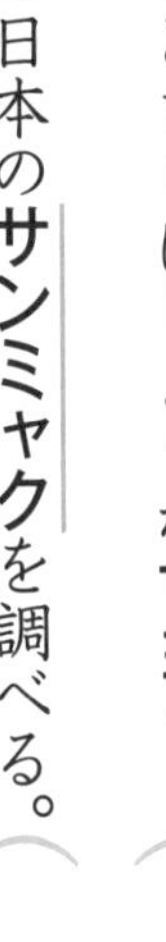

⑩ おやつのクッキーが**アマ**る。（　　）

3

次の熟語が対義語（意味が反対や対になることば）や類義語（意味がよく似たことば）の関係になるように、（　）にあてはまる漢字を左の□から選び、一字だけ書きなさい。

／10

対義語

❶ 発車—（　）車
下　乗　停

❷ 本店—（　）店
名　支　売

❸ 有毒—（　）毒
無　加　解

❹ 気体—（　）体
上　液　五

❺ 反対—（　）成
達　賛　完

類義語

❻ 先生—教（　）
習　師　育

❼ 役目—（　）務
事　任　代

❽ 永遠—永（　）
久　級　円

❾ 目的—目（　）
録　星　標

❿ 用意—準（　）
順　備　用

4

次の——線のカタカナを漢字になおしなさい。

／10

❶ サッカーに情熱を**モ**やす。（　）

❷ 案内所が**モウ**けられた。（　）

❸ 小学校卒業**テイド**の問題だ。（　）

❹ **カ**し切りバスで旅行に行く。（　）

❺ 駅が**コンザツ**する時間だ。（　）

❻ **フジン**服売り場へ移動する。（　）

❼ 本の**ナイヨウ**を理解する。（　）

❽ カナダに**リュウガク**する。（　）

❾ 湖に氷が**ハ**る。（　）

❿ 飛ぶ鳥を落とす**イキオ**い（　）

ここにシールをはろう！

解答は別冊5ページ

漢字で遊ぼう！
3週目

わくわく広場 3

池にういているハスの葉に、漢字が書いてあるよ。みんなの服やかばんに書いてある漢字と同じものを見つけて、○をつけよう！
ハスの葉の漢字は逆さまになっているから、注意して見てね。

10

3週目に学ぶ漢字だよ

快喜義興罪志犯件個再総率団独複賞状仮刊紀

句告述序証判版編弁格均型似準比規則

解答は別冊(べっさつ)12ページ

ここにシールをはろう！

13日目

道徳・心にかかわる漢字

（快喜義興罪志犯）

快

7画

読み
音 カイ
訓 こころよ(い)

部首 忄
部首名 りっしんべん

快快快快快快快

喜

12画

読み
音 キ
訓 よろこ(ぶ)

部首 口
部首名 くち

喜喜喜喜喜喜喜喜喜喜喜喜

義

13画

読み
音 ギ

部首 羊
部首名 ひつじ

義義義義義義義義義義義義義

興

16画

読み
音 コウ・キョウ
訓 おこ(る)高 おこ(す)高

部首 臼
部首名 うす

興興興興興興興興興興興興興興興興

罪

13画

読み
音 ザイ
訓 つみ

部首 罒
部首名 あみがしら あみめ よこめ

罪罪罪罪罪罪罪罪罪罪罪罪罪

志

7画

読み
音 シ
訓 こころざ(す) こころざし

部首 心
部首名 こころ

志志志志志志志

犯

5画

読み
音 ハン
訓 おか(す)中

部首 犭
部首名 けものへん

犯犯犯犯犯

練習しよう！

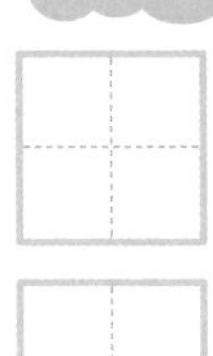
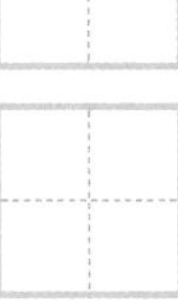

1

次の――線の**漢字**の**読み**を**ひらがな**で書きなさい。

／10

1. そよ風がはだに快い。
2. 犯罪のない社会を目指す。
3. 軽快なリズムに乗る。
4. 納税（のうぜい）は国民の義務だ。
5. 海辺の生物に興味を持つ。
6. 兄に借りた厚い本を読む。
7. 小学校の教師を志す。
8. 旅行中は快晴が続いた。
9. 志望校を決めて勉強する。
10. 罪をにくんで人をにくまず

2

次の――線の**カタカナ**を〇の中の**漢字**と**送りがな（ひらがな）**で書きなさい。

〈例〉（投）ボールを**ナゲル**。（投げる）

／6

1. （喜）満点を取って**ヨロコブ**。
2. （備）災害（さいがい）に**ソナエル**。
3. （余）ケーキが一切れ**アマル**。
4. （易）**ヤサシイ**問題だ。
5. （勢）水の**イキオイ**がます。
6. （限）声を**カギリ**に応援（おうえん）する。

ここにシールをはろう！

解答は別冊（べっさつ）5ページ

14日目

数・量にかかわる漢字（件個再総率団独複）

件

読み：音 ケン

部首：亻

部首名：にんべん

6画

個

読み：音 コ

部首：亻

部首名：にんべん

10画

再

読み：音 サイ、サ　訓 ふたた(び)

部首：冂

部首名：どうがまえ　けいがまえ　まきがまえ

6画

総

読み：音 ソウ

部首：糸

部首名：いとへん

14画

率

読み：音 リツ、ソツ中　訓 ひき(いる)

部首：玄

部首名：げん

11画

団

読み：音 ダン、トン高

部首：囗

部首名：くにがまえ

6画

独

読み：音 ドク　訓 ひと(り)

部首：犭

部首名：けものへん

9画

複

読み：音 フク

部首：衤

部首名：ころもへん

14画

1 次の——線の漢字の読みをひらがなで書きなさい。

❶ 個性的な絵画がならぶ。（　）
❷ 全科目の点数を総合する。（　）
❸ 当たる確率は半分だ。（　）
❹ 歌手がぶたいで独唱する。（　）
❺ 兄は独りぐらしをしている。（　）
❻ 学級委員に再び選ばれる。（　）
❼ 複数の意見を集める。（　）
❽ おばの用件を父に伝える。（　）
❾ レンズの倍率を確かめる。（　）
❿ 団結は力なり（　）

／10

2 上の読みの漢字を□の中から選び、（　）にあてはめて熟語を作りなさい。答えは記号で書きなさい。

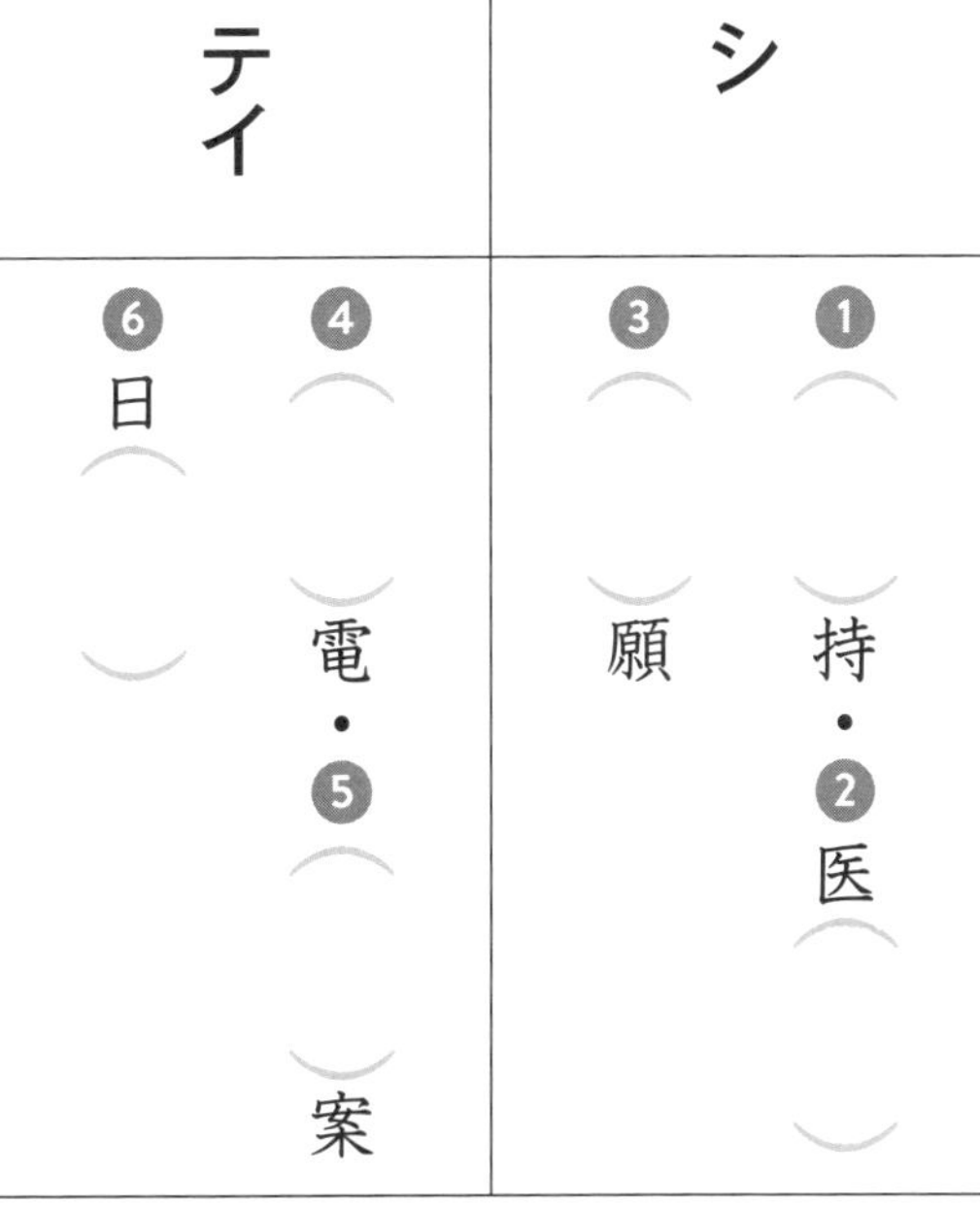

シ	テイ
❶（　）持・❷医（　）	❹（　）電・❺（　）案
❸（　）願	❻日（　）

ア 停　イ 師　ウ 程
エ 支　オ 提　カ 志

／6

解答は別冊5ページ

本・文章にかかわる漢字（賞状仮刊紀句告）

賞

読み：音 ショウ
15画
賞賞賞賞賞賞賞賞賞賞賞賞賞賞賞
部首：貝
部首名：かい　こがい

状

読み：音 ジョウ
7画
状状状状状状状
部首：犬
部首名：いぬ

仮

読み：音 カ　ケ中　訓 かり
6画
仮仮仮仮仮仮
部首：亻
部首名：にんべん

刊

読み：音 カン
5画
刊刊刊刊刊
部首：刂
部首名：りっとう

紀

読み：音 キ
9画
紀紀紀紀紀紀紀紀紀
部首：糸
部首名：いとへん

句

読み：音 ク
5画
句句句句句
部首：口
部首名：くち

告

読み：音 コク　訓 つ（げる）
7画
告告告告告告告
部首：口
部首名：くち

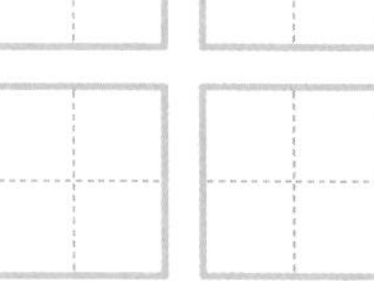

1

次の──線の**漢字**の**読み**を**ひらがな**で書きなさい。

1. かべに賞状をはる。
2. 文章に句読点を打つ。
3. 工事のため仮の橋をわたる。
4. 十六世紀の建物が残る。
5. 真っ赤な金魚を観賞する。
6. 伝記全集が刊行される。
7. 古新聞を再利用する。
8. 大会の参加者を率いる。
9. 受付で名前を告げる。
10. 今年も年賀状を送る。

／10

2

次の──線の**カタカナ**を**漢字**になおしなさい。

1. 親元から**ドクリツ**した。
2. 新商品の**コウコク**を出す。
3. 新聞の**チョウカン**を読む。
4. 妹が**ホイク**園に通う。
5. **ハンザイ**を町からなくす。
6. **ヨロコ**びの声を上げる。
7. 部屋を**セイケツ**に保つ。
8. **シボウ**する中学校がある。
9. 植物園に**ダンタイ**で入る。
10. **ドク**にも薬にもならない

／10

ここにシールをはろう！

解答は別冊(べっさつ)6ページ

16日目

本・文章にかかわる漢字（述序証判版編弁）

述

8画

読み	部首	部首名
音 ジュツ 訓 の(べる)	辶	しんにょう しんにゅう

序

7画

読み	部首	部首名
音 ジョ	广	まだれ

証

12画

読み	部首	部首名
音 ショウ	言	ごんべん

判

7画

読み	部首	部首名
音 ハン バン	刂	りっとう

版

8画

読み	部首	部首名
音 ハン	片	かたへん

編

15画

読み	部首	部首名
音 ヘン 訓 あ(む)	糸	いとへん

弁

5画

読み	部首	部首名
音 ベン	廾	こまぬき にじゅうあし

練習しよう！

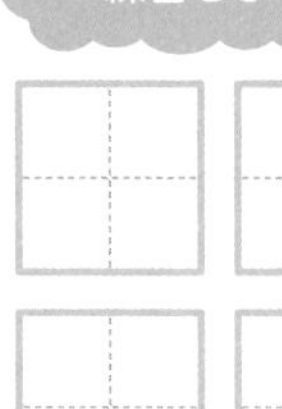
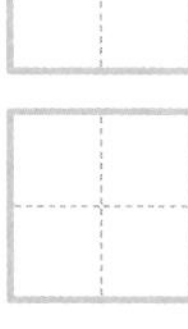

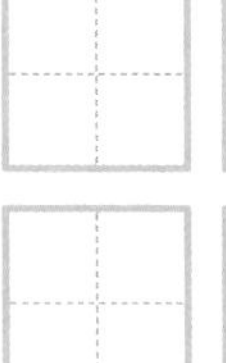

1 次の――線の**漢字**の**読み**を**ひらがな**で書きなさい。

/10

1. 評判のよい店で食事をした。（　　）
2. いちまるが弁当を作る。（　　）
3. 版画をほる。（　　）
4. 本を出版する。（　　）
5. 長編の物語だ。（　　）
6. 絵本を編集する。（　　）
7. 意見を活発に述べ合う。（　　）
8. 写真館で証明写真をとる。（　　）
9. 毛糸で手ぶくろを編む。（　　）
10. 物事の順序を整理する。（　　）

2 次の漢字の**太い画**のところは**筆順の何画目**か、また**総画数は何画**か、**算用数字**（1、2、3…）で答えなさい。

〈例〉投（5）何画目〔7〕総画数

/20

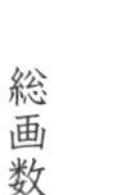

1. 弁　何画目（　　）総画数〔　　〕
2. 喜　何画目（　　）総画数〔　　〕
3. 義　何画目（　　）総画数〔　　〕
4. 編　何画目（　　）総画数〔　　〕
5. 迷　何画目（　　）総画数〔　　〕
6. 個　何画目（　　）総画数〔　　〕
7. 複　何画目（　　）総画数〔　　〕
8. 脈　何画目（　　）総画数〔　　〕
9. 興　何画目（　　）総画数〔　　〕
10. 婦　何画目（　　）総画数〔　　〕

3週目

ここにシールをはろう！

解答は別冊6ページ

17日目 比較にかかわる漢字（格均型似準比）／くらし・生活にかかわる漢字（規則）

格
10画
読み：音 カク、コウ高
部首：木
部首名：きへん

均
7画
読み：音 キン
部首：土
部首名：つちへん

型
9画
読み：音 ケイ、訓 かた
部首：土
部首名：つち

似
7画
読み：音 ジ中、訓 に(る)
部首：亻
部首名：にんべん

準
13画
読み：音 ジュン
部首：氵
部首名：さんずい

比
4画
読み：音 ヒ、訓 くら(べる)
部首：比
部首名：ならびひ、くらべる

規
11画
読み：音 キ
部首：見
部首名：みる

則
9画
読み：音 ソク
部首：刂
部首名：りっとう

1 次の――線の**漢字**の**読み**を**ひらがな**で書きなさい。　／10

1 新型のテレビを見に行く。
2 線の長さを定規で測る。
3 たてと横の比率を求める。
4 運動会の準備をする。
5 八月の平均気温を調べる。
6 目と口が母に似ている。
7 小型の自動車を運転する。
8 走る速さを友達と比べる。
9 試合で反則を取られる。
10 試験に合格できてうれしい。

2 次の語の**カタカナ**で表した部分にあてはまる漢字を後の□の中から選び、**三字の熟語**を作りなさい。□の中の漢字は**一度だけ**使い、**漢字一字**を書きなさい。　／8

1 感**シャ**状
2 **サイ**出発
3 **フク**雑化
4 真**ハン**人
5 不**キ**則
6 本**カク**的
7 液**ジョウ**化
8 **ジュン**決勝

格・準・規・複・謝・犯・状・再

ここにシールをはろう！

解答は別冊6ページ

18日目 復習問題

1

漢字の読みには**音**と**訓**があります。次の**熟語**（じゅくご）**の読み**は［　］の中のどの組み合わせになっていますか。ア〜エの**記号**で答えなさい。

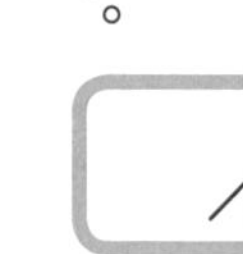

／8

ア 音と音　イ 音と訓
ウ 訓と訓　エ 訓と音

① 正義（せいぎ）（　　）
② 団体（だんたい）（　　）
③ 書留（かきとめ）（　　）
④ 仮定（かてい）（　　）
⑤ 大勢（おおぜい）（　　）
⑥ 総出（そうで）（　　）
⑦ 厚着（あつぎ）（　　）
⑧ 格安（かくやす）（　　）

2

次の——線の**カタカナ**を**漢字**になおしなさい。

／10

① 兄弟で身長を**クラ**べる。（　　）
② 友達と**ヒサ**しぶりに会う。（　　）
③ 理由をくわしく**ノ**べる。（　　）
④ 一人一人が**コシツ**を使う。（　　）
⑤ 水を**キントウ**に分ける。（　　）
⑥ 知らない**ゴク**を調べる。（　　）
⑦ 新聞を**ヘンシュウ**する。（　　）
⑧ 名物の**エキベン**を食べる。（　　）
⑨ 長そでの服が**ヤブ**れた。（　　）
⑩ 船は船頭に**マカ**せよ（　　）

3

次の――線のカタカナにあてはまる漢字をそれぞれア～ウから選び、記号で答えなさい。

/6

❶ ハン人がつかまる。
❷ ハン断に迷う。

ア 版　イ 犯　ウ 判

❸ サカ上がりの練習をする。
❹ サカ道をかけ上がる。

ア 逆　イ 坂　ウ 酒

❺ 山菜をサイ集する。
❻ 夫サイで出席する。

ア 妻　イ 再　ウ 採

4

次の――線のカタカナを漢字になおしなさい。

/10

❶ キソク正しくならぶ。
❷ 優勝（ゆうしょう）のショウジョウだ。
❸ 外出のジュンビができた。
❹ 七セイキに建てられた寺だ。
❺ 森でメジロに二た鳥を見た。
❻ 家の前でテイシャした。
❼ シンガタのウイルスだ。
❽ 隊員をヒキいて山に登る。
❾ 野球の試合をサイカイする。
❿ 算数のジュギョウが始まる。

解答は別冊（べっさつ）6、7ページ

3週目

ここにシールをはろう！

漢字で遊ぼう！
4週目

わくわく広場4

たまごから、たくさんのヒヨコが生まれたよ。
どのたまごから生まれたヒヨコかわかるかな？
同じ漢字の書いてあるたまごとヒヨコの★を、線でつなごう。

領
製
額
酸
経
制
酸
祖
制
額

10

4週目に学ぶ漢字だよ

製造益価額禁経航際財酸条制政税績築貯費布
貿綿輸領非常防災救士報暴祖像堂仏墓可基

解答は別冊12ページ

ここにシールをはろう！

19日目

くらし・生活にかかわる漢字（製造益価額禁経航）

製
読み：音 セイ
部首：衣
部首名：ころも
14画

造
読み：音 ゾウ　訓 つく(る)
部首：⻌
部首名：しんにょう しんにゅう
10画

益
読み：音 エキ ヤク高
部首：皿
部首名：さら
10画

価
読み：音 カ　訓 あたい高
部首：亻
部首名：にんべん
8画

額
読み：音 ガク　訓 ひたい
部首：頁
部首名：おおがい
18画

禁
読み：音 キン
部首：示
部首名：しめす
13画

経
読み：音 ケイ キョウ中　訓 へ(る)
部首：糸
部首名：いとへん
11画

航
読み：音 コウ
部首：舟
部首名：ふねへん
10画

1

次の――線の**漢字**の**読み**を**ひらがな**で書きなさい。

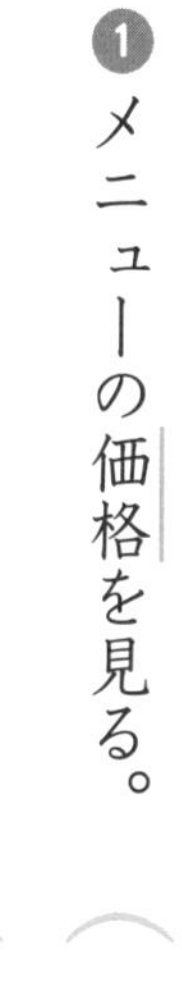

❶ メニューの価格を見る。
❷ アユの漁が解禁になる。
❸ 工場で食パンを製造する。
❹ ゲームの新製品を買う。
❺ 働く父の額にあせが光る。
❻ 商品の金額を確かめる。
❼ 前年度より利益が出る。
❽ 街で書店を経営する。
❾ 飛行機の欠航が決まる。
❿ 天は人の上に人を造らず

／10

2

次の**カタカナ**を**漢字**になおし、**一字だけ**書きなさい。

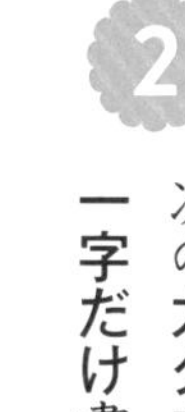

❶ 不利**エキ**
❷ **キン**等化
❸ 規**ソク**的
❹ **ベン**当箱
❺ 建**ゾウ**物
❻ **カ**分数
❼ **ショウ**明書
❽ 未**ケイ**験
❾ 出**パン**社
❿ 百分**リツ**

／10

ここにシールをはろう！

解答は別冊7ページ

20日目 くらし・生活にかかわる漢字（際財酸条制政税績）

際
14画
読み：音 サイ　訓 きわ 高
部首：阝　部首名：こざとへん

財
10画
読み：音 ザイ　サイ 中
部首：貝　部首名：かいへん

酸
14画
読み：音 サン　訓 す(い) 高
部首：酉　部首名：とりへん

条
7画
読み：音 ジョウ
部首：木　部首名：き

制
8画
読み：音 セイ
部首：刂　部首名：りっとう

政
9画
読み：音 セイ　ショウ 高　訓 まつりごと 高
部首：攵　部首名：のぶん　ぼくづくり

税
12画
読み：音 ゼイ
部首：禾　部首名：のぎへん

績
17画
読み：音 セキ
部首：糸　部首名：いとへん

1 次の――線の**漢字**の**読み**を**ひらがな**で書きなさい。

/10

❶ 政治家が議会で話し合う。（　）
❷ イネが育つ条件を調べた。（　）
❸ 水泳の国際大会を開く。（　）
❹ 文化財の研究を続ける。（　）
❺ 会場に入る人数を制限する。（　）
❻ 市区町村に税金を納（おさ）める。（　）
❼ 道路の通行が規制された。（　）
❽ 空気には酸素がふくまれる。（　）
❾ 一学期より成績が上がる。（　）
❿ 先んずれば人を制す（　）

2 次の漢字の**部首名**と**部首**を書きなさい。**部首名**は、後の□から選んで**記号**で答えなさい。

/10

〈例〉花・茶（ア）部首名〔艹〕部首

❶ 序・府（　）部首名〔　〕部首
❷ 仮・価（　）〔　〕
❸ 証・評（　）〔　〕
❹ 績・紀（　）〔　〕
❺ 快・性（　）〔　〕

ア くさかんむり　イ にんべん
ウ まだれ　エ ごんべん
オ りっしんべん　カ いとへん

くらし・生活にかかわる漢字（築貯費布貿綿輸領）

築

読み：音 チク　訓 きず(く)

部首：⺮　部首名：たけかんむり

16画

貯

読み：音 チョ

部首：貝　部首名：かいへん

12画

費

読み：音 ヒ　訓 つい(やす)中　つい(える)中

部首：貝　部首名：かい　こがい

12画

布

読み：音 フ　訓 ぬの

部首：巾　部首名：はば

5画

貿

読み：音 ボウ

部首：貝　部首名：かい　こがい

12画

綿

読み：音 メン　訓 わた

部首：糸　部首名：いとへん

14画

輸

読み：音 ユ

部首：車　部首名：くるまへん

16画

領

読み：音 リョウ

部首：頁　部首名：おおがい

14画

1 次の――線の**漢字**の**読み**を**ひらがな**で書きなさい。

/10

❶ 計画的に貯金する。
❷ 新聞の号外が配布された。
❸ 各国とさかんに貿易する。
❹ 消費税を計算する。
❺ 領土問題について話し合う。
❻ タンポポの綿毛を飛ばす。
❼ 牛やブタを輸送する。
❽ 高台に大きな城を築く。
❾ 赤い布でバッグを作る。
❿ 綿百パーセントの下着だ。

2 漢字を二字組み合わせた熟語では、二つの漢字の間に意味の上で、次のような関係があります。

/10

ア 反対や対になる意味の字を組み合わせたもの。（例…**上下**）
イ 同じような意味の字を組み合わせたもの。（例…**森林**）
ウ 上の字が下の字の意味を説明（修飾）しているもの。（例…**海水**）
エ 下の字から上の字へ返って読むと意味がよくわかるもの。（例…**消火**）

次の**熟語**は右のア～エのどれにあたるか、**記号**で答えなさい。

❶ 断続
❷ 単複
❸ 酸性
❹ 綿雲
❺ 禁漁
❻ 均等
❼ 謝罪
❽ 新築
❾ 入団
❿ 安易

ここにシールをはろう！

解答は別冊7ページ

防災にかかわる漢字（非常防災救士報暴）

非

読み　音 ヒ

部首　非

部首名　あらず ひ

8画

非非非非非非非非

常

読み　音 ジョウ　訓 つね とこ 高

部首　巾

部首名　はば

11画

常常常常常常常常常常常

防

読み　音 ボウ　訓 ふせ(ぐ)

部首　阝

部首名　こざとへん

7画

防防防防防防防

災

読み　音 サイ　訓 わざわ(い) 中

部首　火

部首名　ひ

7画

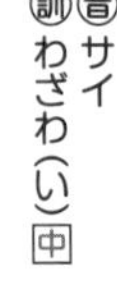

災災災災災災災

救

読み　音 キュウ　訓 すく(う)

部首　攵

部首名　のぶん ぼくづくり

11画

救救救救救救救救救救救

士

読み　音 シ

部首　士

部首名　さむらい

3画

士士士

報

読み　音 ホウ　訓 むく(いる) 中

部首　土

部首名　つち

12画

報報報報報報報報報報報報

暴

読み　音 ボウ・バク 中　訓 あば(れる) あば(く) 高

部首　日

部首名　ひ

15画

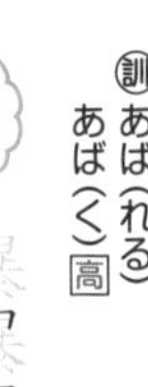

暴暴暴暴暴暴暴暴暴暴暴暴暴暴暴

1

次の――線の**漢字**の**読み**を**ひらがな**で書きなさい。

❶ 非常口の場所を確かめる。（　　）
❷ おりの中の熊が暴れる。（　　）
❸ 常に車に気をつける。（　　）
❹ 災害の経験を後世に伝える。（　　）
❺ 明日は暴風雨になる。（　　）
❻ 小川に落ちた子犬を救う。（　　）
❼ いつも防災を心がける。（　　）
❽ 報道の仕事につきたい。（　　）
❾ 厚着をして寒さを防ぐ。（　　）
❿ 宇宙(うちゅう)飛行士にあこがれる。（　　）

／10

2

次の漢字の**太い画**のところは**筆順の何画目**か、また**総画数は何画**か、**算用数字**（1、2、3…）で答えなさい。

〈例〉投（5）何画目〔7〕総画数

❶ 暴（　）何画目〔　〕総画数
❷ 航（　）〔　〕
❸ 費（　）〔　〕
❹ 報（　）〔　〕
❺ 防（　）〔　〕
❻ 績（　）何画目〔　〕総画数
❼ 貿（　）〔　〕
❽ 酸（　）〔　〕
❾ 常（　）〔　〕
❿ 制（　）〔　〕

／20

4週目

ここにシールをはろう！

解答は別冊(べっさつ)8ページ

10月23日目

行事・慣習にかかわる漢字（祖像堂仏墓）／能力（のうりょく）・効果（こうか）にかかわる漢字（可基）

祖

- 読み：音 ソ
- 部首：ネ
- 部首名：しめすへん
- 9画

像

- 読み：音 ゾウ
- 部首：亻
- 部首名：にんべん
- 14画

堂

- 読み：音 ドウ
- 部首：土
- 部首名：つち
- 11画

仏

- 読み：音 ブツ　訓 ほとけ
- 部首：亻
- 部首名：にんべん
- 4画

墓

- 読み：音 ボ　訓 はか
- 部首：土
- 部首名：つち
- 13画

可

- 読み：音 カ
- 部首：口
- 部首名：くち
- 5画

基

- 読み：音 キ　訓 もと（中）　もとい（高）
- 部首：土
- 部首名：つち
- 11画

練習しよう！

1

次の――線の**漢字**の**読み**を**ひらがなで**書きなさい。

/10

1. 基本的な操作（そうさ）を覚える。（　　）
2. 国会議事堂を見学する。（　　）
3. テレビの画像が乱（みだ）れた。（　　）
4. 食品の安全基準を見直す。（　　）
5. このチームは入賞も可能（のう）だ。（　　）
6. 明るい未来を想像する。（　　）
7. いちまるが仏像を見上げる。（　　）
8. 祖母は親切だ。（　　）
9. 墓参りに行く。（　　）
10. 知らぬが仏（　　）

2

後の□の中のひらがなを漢字になおして、**対義語**（意味が反対や対（つい）になることば）や**類義語**（意味がよく似たことば）を書きなさい。□の中のひらがなは**一度だけ**使い、**漢字一字**を書きなさい。

/10

対義語

1. 平常―（　）常
2. 禁止―許（　）
3. 主語―（　）語
4. 順風―（　）風
5. 子孫―先（　）

か・ぎゃく・じゅつ・ぞ・ひ

類義語

6. 順番―順（　）
7. 体験―（　）験
8. 建設―建（　）
9. 運送―運（　）
10. 苦情（くじょう）―文（　）

く・けい・じょ・ちく・ゆ

ここにシールをはろう！

解答は別冊（べっさつ）8ページ

復習問題

1

次の——線のカタカナを漢字になおしなさい。

/10

1. ヒ常に新しい考え方だ。
2. 旅行のヒ用をためる。
3. 大雪で外出はキン止だ。
4. 点数の平キンを出す。
5. セイ治のニュースを見る。
6. 新しいセイ服を着る。
7. 志望校に合カクした。
8. 時間を正カクに計る。
9. 高カな時計を買った。
10. 法案が力決した。

2

次の——線のカタカナを漢字になおしなさい。

1. ボウリョクに反対する。
2. けが人をキュウジョする。
3. 母の喜ぶ顔をソウゾウする。
4. ジョウケンを述べる。
5. ボウサイの訓練をする。
6. ソフの家に遊びに行く。
7. チョキン箱をしまう。
8. バスの運転シになる。
9. 電車が駅をツウカした。
10. ビルをケンチクする。

3 漢字の読みには**音**と**訓**があります。次の**熟語**(じゅくご)**の読み**は［　］の中のどの組み合わせになっていますか。ア〜エの**記号**で答えなさい。

ア 音と音　イ 音と訓
ウ 訓と訓　エ 訓と音

1 布製(ぬのせい)（　）
2 出張(しゅっちょう)（　）
3 実際(じっさい)（　）
4 仏様(ほとけさま)（　）
5 要領(ようりょう)（　）
6 雑木(ぞうき)（　）
7 報告(ほうこく)（　）
8 墓場(はかば)（　）
9 似顔(にがお)（　）
10 財産(ざいさん)（　）

／10

4 次の――線の**カタカナ**を**漢字**になおしなさい。

1 寺の**ホンドウ**に向かう。（　）
2 **ユシュツ**のグラフを見る。（　）
3 **フケツ**な部屋をそうじした。（　）
4 太平洋を**コウカイ**する。（　）
5 タオルを**ヒタイ**に当てる。（　）
6 **ゼイキン**に関心を持つ。（　）
7 光合成で**サンソ**ができる。（　）
8 パンの店を**ケイエイ**する。（　）
9 係の仕事に**セキニン**を持つ。（　）
10 世界の国々と**ボウエキ**する。（　）

／10

4週目

ここにシールをはろう！

解答は別冊(べっさつ)8ページ

漢字で遊ぼう！
5週目
わくわく広場
5
今週は
どんな漢字を
学ぶまる？
宝の島をぼうけんだ！
下の四まいの紙に宝物の
ありかが書かれているよ。
宝物のある場所を、地図の中からさがして、
見つけたら○をえんぴつでぬろう。
似た漢字やまちがった漢字が
たくさんあるから、気をつけてね。
精
責
講
構
情
積
傋
職
清
講
能
職
精
態

10

5週目に学ぶ漢字だよ

効適歴史境殺武略技術護衛旧故居在資質往復

増減現夢損得貧豊険検構講情精態能識織職

解答は別冊13ページ

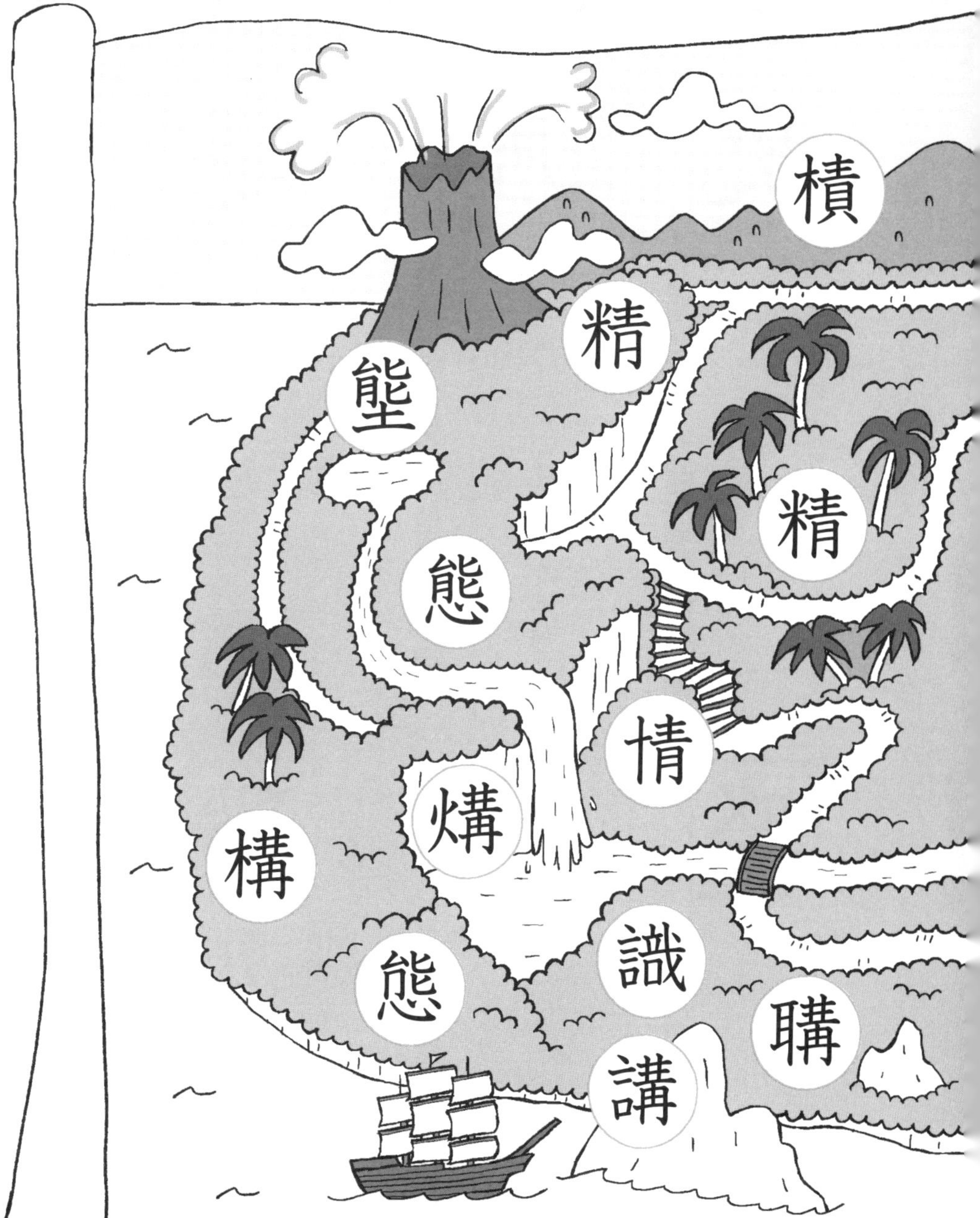

積
精
能
精
態
情
構
構
識
態
購
講

職　講

ここにシールをはろう！

能力(のうりょく)・効果にかかわる漢字(効適)／戦いにかかわる漢字(歴史境殺武略)

効

8画

読み：音 コウ　訓 き(く)

部首：力　部首名：ちから

効効効効効効効効

適

14画

読み：音 テキ

部首：辶　部首名：しんにょう　しんにゅう

適適適適適適適適適適適適適適

歴

14画

読み：音 レキ

部首：止　部首名：とめる

歴歴歴歴歴歴歴歴歴歴歴歴歴歴

史

5画

読み：音 シ

部首：口　部首名：くち

史史史史史

境

14画

読み：音 キョウ　ケイ中　訓 さかい

部首：土　部首名：つちへん

境境境境境境境境境境境境境境

殺

10画

読み：音 サツ・サイ高　セツ高　訓 ころ(す)

部首：殳　部首名：るまた　ほこづくり

殺殺殺殺殺殺殺殺殺殺

武

8画

読み：音 ブ　ム

部首：止　部首名：とめる

武武武武武武武武

略

11画

読み：音 リャク

部首：田　部首名：たへん

略略略略略略略略略略略

1

次の――線の**漢字**の**読み**を**ひらがな**で書きなさい。

1. 県と県の境に標識（ひょうしき）が立つ。（　）
2. いちまるが武道を習う。（　）
3. 効率がよい。（　）
4. 歴史の本だ。（　）
5. よく効く薬だ。（　）
6. 力を有効に使う。（　）
7. 寒さに適した作物だ。（　）
8. 選手が今の心境を語る。（　）
9. 息を殺して様子を見る。（　）
10. 自宅（じたく）周辺の略図をかく。（　）

／10

2

上の読みの漢字を□の中から選び、（　）にあてはめて**熟語**（じゅくご）を作りなさい。答えは**記号**で書きなさい。

ハン	カ
①防（　）・②（　）画 ③（　）定	④許（　）・⑤効（　） ⑥定（　）

ア判　イ版　ウ可
エ価　オ果　カ犯

／6

10 26 日目

似た意味の漢字（技術護衛旧故居在）

技

7画

音 ギ
訓 わざ 中

読み	部首	部首名
音 ギ / 訓 わざ 中	扌	てへん

術

11画

読み	部首	部首名
音 ジュツ	行	ぎょうがまえ / ゆきがまえ

護

20画

読み	部首	部首名
音 ゴ	言	ごんべん

衛

16画

読み	部首	部首名
音 エイ	行	ぎょうがまえ / ゆきがまえ

旧

5画

読み	部首	部首名
音 キュウ	日	ひ

故

9画

読み	部首	部首名
音 コ / 訓 ゆえ 中	攵	のぶん / ぼくづくり

居

8画

読み	部首	部首名
音 キョ / 訓 い(る)	尸	かばね / しかばね

在

6画

読み	部首	部首名
音 ザイ / 訓 あ(る)	土	つち

練習問題

1

次の――線の**漢字**の**読み**を**ひらがな**で書きなさい。

❶ 野生の鳥を保護する。
❷ 和紙を作る技術を受けつぐ。
❸ 居間で家族とくつろぐ。
❹ 在校生の代表を務める。
❺ 午後から美術館へ行く。
❻ このテレビは旧式だ。
❼ 陸上の競技会に出る。
❽ 交通事故を未然に防ぐ。
❾ 衛星の動きを観察する。
❿ 実在の人物を演じる。

／10

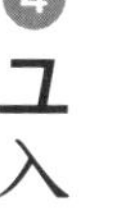

2

次の**カタカナ**を**漢字**になおし、**一字だけ**書きなさい。

❶ 弁**ゴ**士
❷ **ソ**父母
❸ 好成**セキ**
❹ **ユ**入品
❺ 大**サイ**害
❻ **エイ**生的
❼ **キュウ**校舎
❽ **ヒ**公開
❾ 消**ボウ**車
❿ **キョウ**界線

／10

5週目

似た意味の漢字（資質）／反対の意味の漢字（往復増減現夢）

資

13画

読み：音 シ

部首：貝

部首名：かい／こがい

資資資資資資資資資資資資資

資資資

質

15画

読み：音 シツ・シチ中・チ高

部首：貝

部首名：かい／こがい

質質質質質質質質質質質質質質質

質質質質質

往

8画

読み：音 オウ

部首：彳

部首名：ぎょうにんべん

往往往往往往往往

復

12画

読み：音 フク

部首：彳

部首名：ぎょうにんべん

復復復復復復復復復復復復

復復

増

14画

読み：音 ゾウ　訓 ま(す)・ふ(える)・ふ(やす)

部首：土

部首名：つちへん

増増増増増増増増増増増増増増

増増増増増

減

12画

読み：音 ゲン　訓 へ(る)・へ(らす)

部首：氵

部首名：さんずい

減減減減減減減減減減減減

減減

現

11画

読み：音 ゲン　訓 あらわ(れる)・あらわ(す)

部首：王

部首名：おうへん／たまへん

現現現現現現現現現現現

現

夢

13画

読み：音 ム　訓 ゆめ

部首：夕

部首名：た／ゆうべ

夢夢夢夢夢夢夢夢夢夢夢夢夢

夢夢夢

1

次の――線の**漢字**の**読み**を**ひらがな**で書きなさい。

❶ 自由研究の資料を集める。（　）
❷ 弟はくり拾いに夢中だ。（　）
❸ 雨でダムの水かさが増す。（　）
❹ 家と学校を往復する。（　）
❺ 雲の間から太陽が現れる。（　）
❻ 授業中に先生に質問する。（　）
❼ 野生動物が減少している。（　）
❽ 町の復興に力を注ぐ。（　）
❾ ごみの量が減った。（　）
❿ 祖父は順調に回復した。（　）

／10

2

後の□の中のひらがなを漢字になおして、**対義語**（意味が反対や対になることば）や**類義語**（意味がよく似たことば）を書きなさい。□の中のひらがなは**一度だけ**使い、**漢字一字**を書きなさい。

／10

対義語

❶ 過度―（　）度
❷ 復路―（　）路
❸ 正式―（　）式
❹ 生かす―（　）す
❺ 精神―物（　）

おう・ころ・しつ・てき・りゃく

類義語

❻ 保健―（　）生
❼ 留守―不（　）
❽ 刊行―出（　）
❾ 家屋―住（　）
❿ 愛護―（　）護

えい・きょ・ざい・ぱん・ほ

ここにシールをはろう！

解答は別冊9ページ

反対の意味の漢字（損得貧豊）／似た形の漢字（険検構講）

損

13画

読み：音 ソン　訓 そこ(なう)中　そこ(ねる)中

部首：扌　部首名：てへん

損損損

得

11画

読み：音 トク　訓 え(る)　う(る)中

部首：彳　部首名：ぎょうにんべん

得

貧

11画

読み：音 ビン　ヒン中　訓 まず(しい)

部首：貝　部首名：かい　こがい

貧

豊

13画

読み：音 ホウ　訓 ゆた(か)

部首：豆　部首名：まめ

豊豊豊

険

11画

読み：音 ケン　訓 けわ(しい)

部首：阝　部首名：こざとへん

険

検

12画

読み：音 ケン

部首：木　部首名：きへん

検検

構

14画

読み：音 コウ　訓 かま(える)　かま(う)

部首：木　部首名：きへん

構構構構

講

17画

読み：音 コウ

部首：言　部首名：ごんべん

講講講講講講講

1

次の――線の**漢字**の**読み**を**ひらがな**で書きなさい。

/10

❶ 料理の講習を受ける。
❷ 貧しい中で研究にはげむ。
❸ 病院で目の検査をする。
❹ 構成を考えて文章を書く。
❺ 豊かな森を守り育てる。
❻ 今年の米の豊作を願う。
❼ 先生が試合の心構えを説く。
❽ 国語は得意科目だ。
❾ 仲間と険しい山に入る。
❿ 損して得取れ

2

漢字を二字組み合わせた熟語(じゅくご)では、二つの漢字の間に意味の上で、次のような関係があります。

/10

ア 反対や対(つい)になる意味の字を組み合わせたもの。（例…上下）
イ 同じような意味の字を組み合わせたもの。（例…森林）
ウ 上の字が下の字の意味を説明（修飾(しゅうしょく)）しているもの。（例…海水）
エ 下の字から上の字へ返って読むと意味がよくわかるもの。（例…消火）

次の**熟語**は右のア～エのどれにあたるか、**記号**で答えなさい。

❶ 表現
❷ 増減
❸ 豊富
❹ 悪夢
❺ 球技
❻ 新旧
❼ 得失
❽ 破損
❾ 護身
❿ 検温

5週目

ここにシールをはろう！

解答は別冊(べっさつ)9ページ

10/29日目 似た形の漢字（情精態能識織職）

情
音 ジョウ、セイ 高
訓 なさ（け）
11画
部首：忄　部首名：りっしんべん

情

精
音 セイ、ショウ 中
14画
部首：米　部首名：こめへん

精精精精

態
音 タイ
14画
部首：心　部首名：こころ

態態態

能
音 ノウ
10画
部首：肉　部首名：にく

識
音 シキ
19画
部首：言　部首名：ごんべん

識識識

織
音 シキ、ショク 高
訓 お（る）
18画
部首：糸　部首名：いとへん

織織織

職
音 ショク
18画
部首：耳　部首名：みみへん

職職職

練習しよう！

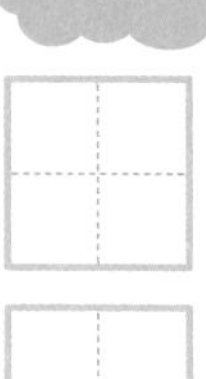

1 次の――線の**漢字**の**読み**を**ひらがな**で書きなさい。

❶ スポーツで精神力を養う。（　）

❷ 多くの機能があるテレビだ。（　）

❸ 兄は天体の知識に富む。（　）

❹ バッタの生態を調べる。（　）

❺ 主人公の心情を考える。（　）

❻ 医師はあこがれの職業だ。（　）

❼ 学習の能率を上げる。（　）

❽ 伝統的な織物を買う。（　）

❾ テニスラケットを構える。（　）

❿ 情けは人のためならず（　）

／10

2 次の漢字の**部首名**と**部首**を書きなさい。**部首名**は、後の□から選んで**記号**で答えなさい。

〈例〉花・茶（ア）〔艹〕
部首名　部首

❶ 志・態（　）〔　〕

❷ 貧・資（　）〔　〕

❸ 講・護（　）〔　〕

❹ 総・織（　）〔　〕

❺ 険・際（　）〔　〕

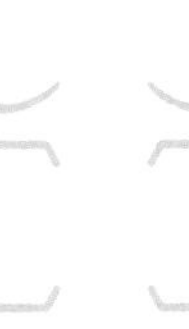

ア くさかんむり　イ こころ
ウ ごんべん　エ かい・こがい
オ こざとへん　カ いとへん

／10

10/30日目

復習問題

1

次の――線のカタカナを○の中の漢字と送りがな(ひらがな)で書きなさい。

〈例〉(投)ボールをナゲル。(投げる)

/6

1. (述) 自分の意見をノベル。( )
2. (険) ケワシイ顔をしている。( )
3. (貧) マズシイ生活を送る。( )
4. (示) 係員に入館証をシメス。( )
5. (比) 重さをクラベル。( )
6. (増) 川の水量がフエル。( )

2

次の――線のカタカナを漢字になおしなさい。

/10

1. 読書でチシキを身につける。( )
2. 真面目(まじめ)なタイドで話を聞く。( )
3. セイシン力(りょく)をきたえる。( )
4. 祖母が木綿(もめん)を糸からオる。( )
5. 運動のコウカを実感する。( )
6. リエキの一部を寄付する。( )
7. ショクイン室に行く。( )
8. ブドウで体をきたえる。( )
9. 正午ゲンザイの風力を測る。( )
10. 短気はソン気( )

3 次の――線のカタカナを漢字になおしなさい。

❶ おやつが**ヘ**る。
❷ 十年を**ヘ**て完成した。
❸ 医師の**シ**格がある。
❹ 電車の運転**シ**を目指す。
❺ 世**キ**の大事件が起こる。
❻ 編み物の**キ**本を覚える。
❼ 船が長い**コウ**海に出る。
❽ 複雑な**コウ**造の建物だ。
❾ **コウ**石を輸入する。

／9

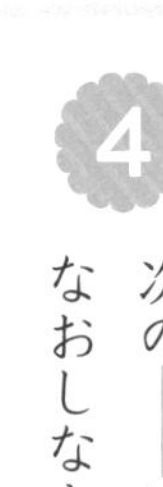

4 次の――線のカタカナを漢字になおしなさい。

❶ 空を飛ぶ**ユメ**を見た。
❷ **ヒンシツ**のよい服だ。
❸ 試合で**トクテン**を重ねる。
❹ **オウフク**十キロのコースだ。
❺ 古代の**ジュウキョ**を知る。
❻ 水が**ホウフ**にある。
❼ 通信**ギジュツ**が進歩した。
❽ 町と町の**サカイ**に川がある。
❾ 交差点で**ジコ**があった。
❿ **レキシ**はくり返す

／10

ここにシールをはろう！

解答は別冊（べっさつ）10ページ

おうちの方へ「漢検」受検の際の注意点

【字の書き方】

問題の答えは楷書で大きくはっきり書きなさい。乱雑な字や続け字、また、行書体や草書体のようにくずした字は採点の対象とはしません。

特に漢字の書き取り問題では、答えの文字は教科書体をもとにして、はねるところ、とめるところなどもはっきり書きましょう。また、画数に注意して、一画一画を正しく、明確に書きなさい。

《例》

○熱　×[くずし字]
○言　×[くずし字]
○糸　×[くずし字]

【字種・字体について】

(1)日本漢字能力検定2〜10級においては、「常用漢字表」に示された字種で書きなさい。つまり、表外漢字（常用漢字表にない漢字）を用いると、正答とは認められません。

《例》

○交差点　×交叉点（「叉」が表外漢字）
○寂しい　×淋しい（「淋」が表外漢字）

(2)日本漢字能力検定2〜10級においては、「常用漢字表」に示された字体で書きなさい。なお、「常用漢字表」に参考として示されている康熙(こうき)字典体など、旧字体と呼ばれているものを用いると、正答とは認められません。

《例》

○真　×眞
○渉　×涉
○飲　×飮
○迫　×迫
○弱　×弱

(3)一部例外として、平成22年告示「常用漢字表」で追加された字種で、許容字体として認められているものや、その筆写文字と印刷文字との差が習慣の相違に基づくとみなせるものは正答と認めます。

《例》

餌 → 餌　と書いても可
遜 → 遜　と書いても可
葛 → 葛　と書いても可
溺 → 溺　と書いても可
箸 → 箸　と書いても可

注意

(3)において、どの漢字が当てはまるかなど、一字一字については、当協会発行図書（2級対応のもの）掲載の漢字表で確認してください。

テストにチャレンジ！

今までの学習の総まとめをしてみましょう。

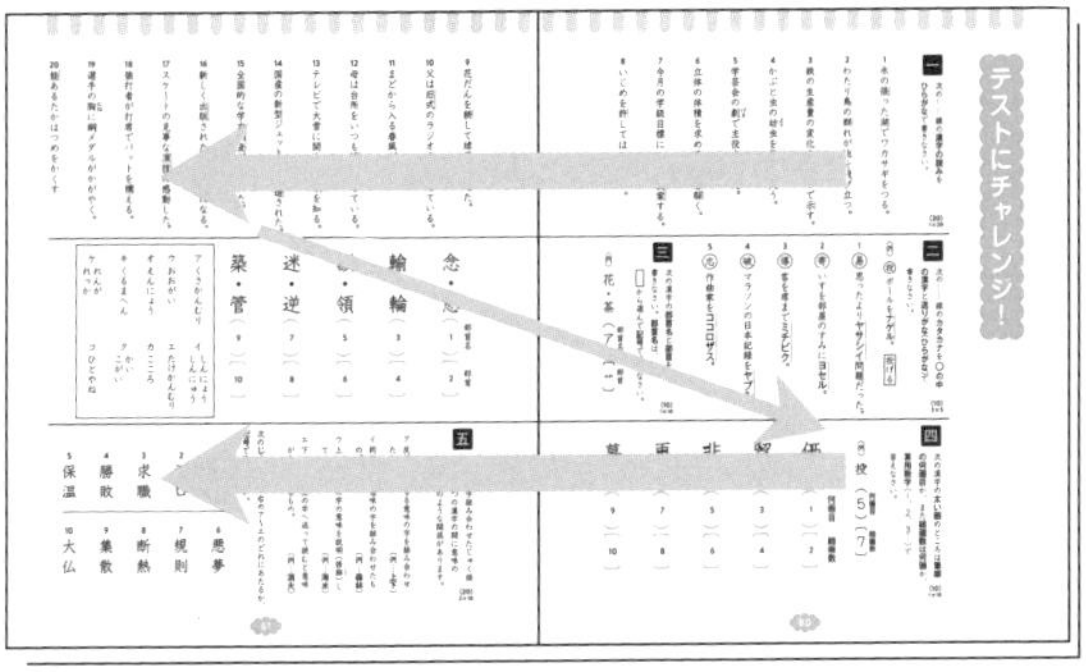

検定を受けるときに気をつけることを記しました。
これを読んでから、実際の検定のつもりで問題を解いてください。

- 6級の検定時間は60分です。
合図があるまで、始めてはいけません。
- 6級の検定の問題用紙と答案用紙は、別になっています。
答えは問題用紙ではなく、答案用紙に書きなさい。
- 答えは、HB・B・2Bのえんぴつまたはシャープペンシルで
書きなさい。（ボールペンや万年筆などは使わないこと）
- 答えは、楷書(かいしょ)でわく内いっぱいに、大きくはっきり書きなさい。
特に漢字の書きとり問題では、はねるところ・とめるところなど、
はっきり書きなさい。行書体や草書体のようにくずした字や、
らんざつな字は答えとしてみとめられません。

テストの見方

「テストにチャレンジ！」は、
段(だん)ごとに右ページから
左ページへつづけて
見てください。

テストにチャレンジ！

次の――線の**漢字の読み**を**ひらがな**で書きなさい。（20）1×20

1 氷の張った湖でワカサギをつる。
2 わたり鳥の群れが池を飛び立つ。
3 鉄の生産量の変化をグラフで示す。
4 かぶと虫の幼虫（よう）を教室で飼う。
5 学芸会の劇（げき）で主役を務めた。
6 立体の体積を求める問題を解く。
7 今月の学級目標について提案する。
8 いじめを許してはいけない。

二

次の――線の**カタカナ**を〇の中の**漢字と送りがな**（**ひらがな**）で書きなさい。（10）2×5

〈例〉㊇投 ボールを**ナゲル**。 投げる

1 （易） 思ったより**ヤサシイ**問題だった。
2 （寄） いすを部屋のすみに**ヨセル**。
3 （導） 客を席まで**ミチビク**。
4 （破） マラソンの日本記録を**ヤブル**。
5 （志） 作曲家を**ココロザス**。

三

次の漢字の**部首名**と**部首**を書きなさい。**部首名**は、後の□から選んで**記号**で答えなさい。（10）1×10

〈例〉花・茶 （ア）部首名 〔艹〕部首

四

次の漢字の**太い画**のところは**筆順の何画目**か、また**総画数は何画**か、**算用数字**（1、2、3…）で答えなさい。（10）1×10

〈例〉投 （5）何画目 〔7〕総画数

	何画目	総画数
価	（1）	〔2〕
貿	（3）	〔4〕
非	（5）	〔6〕
再	（7）	〔8〕
墓	（9）	〔10〕

9 花だんを耕して球根を植えた。

10 父は旧式のラジオを愛用している。

11 まどから入る春風が快い。

12 母は台所をいつも清潔にしている。

13 テレビで大雪に関する情報を知る。

14 国産の新型ジェット機が製造された。

15 全国的な学力調査が行われた。

16 新しく出版された本が話題になる。

17 スケートの見事な演技に感動した。

18 強打者が打席でバットを構える。

19 選手の胸（むね）に銅メダルがかがやく。

20 能あるたかはつめをかくす

	部首名	部首
念・態	（1）	（2）
輸・輪	（3）	（4）
額・領	（5）	（6）
迷・逆	（7）	（8）
築・管	（9）	（10）

ア くさかんむり
イ しんにょう しんにゅう
ウ おおがい
エ たけかんむり
オ えんにょう
カ こころ
キ くるまへん
ク かい こがい
ケ れんが れっか
コ ひとやね

五 (20) 2×10

漢字を二字組み合わせたじゅく語では、二つの漢字の間に意味の上で、次のような関係があります。

ア 反対や対（つい）になる意味の字を組み合わせたもの。（例…**上下**）

イ 同じような意味の字を組み合わせたもの。（例…**森林**）

ウ 上の字が下の字の意味を説明（修飾（しょく））しているもの。（例…**海水**）

エ 下の字から上の字へ返って読むと意味がよくわかるもの。（例…**消火**）

次の**じゅく語**は、右のア〜エのどれにあたるか、**記号**で答えなさい。

1 均等
2 河口
3 求職
4 勝敗
5 保温
6 悪夢
7 規則
8 断熱
9 集散
10 大仏

六

次のカタカナを漢字になおし、一字だけ書きなさい。 (20) 2×10

1 ベン護士
2 本カク的
3 ゲン実性
4 不トウ一
5 消費ゼイ
6 軽犯ザイ
7 未ケイ験
8 ソ父母
9 老ガン鏡
10 イ食住

七

後の□の中のひらがなを漢字になおして、対義語（意味が反対や対になることば）と、類義語（意味がよくにたことば）を書きなさい。
□の中のひらがなは一度だけ使い、漢字一字を書きなさい。 (20) 2×10

対義語

主語―（1）語
希望―（2）望

八

上の読みの漢字を□の中から選び、（　）にあてはめてじゅく語を作りなさい。
答えは記号で書きなさい。 (12) 2×6

エイ	コウ
運（1）・（2）遠 （3）星	有（4）・（5）習 （6）山

ア康　イ鉱　ウ衛　エ航
オ永　カ栄　キ泳　ク講
ケ営　コ英　サ効　シ耕

九

漢字の読みには音と訓があります。
次のじゅく語の読みは□の中のどの組み合わせになっていますか。
ア～エの記号で答えなさい。 (20) 2×10

ア 音と音　イ 音と訓
ウ 訓と訓　エ 訓と音

1 移動（いどう）
2 織物（おりもの）
6 県境（けんざかい）
7 大判（おおばん）

十

次の――線のカタカナを漢字になおしなさい。 (40) 2×20

1 木のエダが雪の重みでたわむ。
2 夕日がモえるように赤い。
3 先生にヒキいられて遠足に行く。
4 放送委員会の書記をマカされた。
5 国語辞典で語句の意味をタシかめる。
6 ドウトクの授業で勇気について考えた。
7 学芸会に地域（いき）のお年よりをマネく。
8 校庭のザッソウを手分けしてぬく。
9 来客をむかえるジュンビをする。
10 リャクズをかいて駅の場所を教えた。

3 損害―利（　）

4 結果―原（　）

5 本店―（　）店

いん・えき・し・じゅつ・ぜつ

類義語

6 特有―（　）特

7 回答―（　）答

8 火事―火（　）

9 以前―（　）去

10 関心―（　）味

おう・か・きょう・さい・どく

3 重箱（じゅうばこ）

4 厚地（あつじ）

5 正常（せいじょう）

8 桜貝（さくらがい）

9 混合（こんごう）

10 書留（かきとめ）

十 次の――線の**カタカナ**を**漢字**に なおしなさい。 (18) 2×9

1 北国の寒さにも**ナ**れてきた。

2 遠くで教会のかねが**ナ**っている。

3 生物学を**ケン**究する。

4 いたましい事**ケン**が新聞にのった。

5 炭**サン**入りのジュースを飲む。

6 反対より**サン**成の意見が多かった。

7 店員の**セイ**服のデザインが変わる。

8 **セイ**治家が駅前で演説する。

9 **セイ**神を集中して試合にのぞむ。

11 うがいをしてかぜの**ヨボウ**に努める。

12 お気に入りのぼうしを妹に**カ**した。

13 父は毎日、**チョウカン**に目を通す。

14 新しいベンチを公園に**モウ**ける。

15 強風で橋の通行が**キンシ**された。

16 野生のゾウの数が**ゲンショウ**している。

17 **ビジュツカン**で西洋の名画を見た。

18 **キンゾク**は熱すると体積が増える。

19 祭りの行列が**ヒサ**しぶりに復活した。

20 **アマ**り物には福がある

※2018年度第3回検定問題(改)

解答は別冊（べっさつ）14、15ページ

テストにチャレンジ！答案用紙

※実際の検定での用紙の大きさとは異(こと)なります。

一 読み (20) 1×20

1	2	3	4	5	6	7	8	9	10

二 漢字と送りがな（ひらがな） (10) 2×5

1	2	3	4	5

四 画数（算用数字） (10) 1×10

1	2	3	4	5	6	7	8	9	10
画目	画	画目	画	画目	画	画目	画	画目	画

六 三字のじゅく語（一字） (20) 2×10

1	2	3	4	5	6	7	8	9	10

八 じゅく語作り（記号） (12) 2×6

1	2	3	4	5	6

九 音と訓（記号） (20) 2×10

1	2	3	4	5	6	7

十一 漢字 (40) 2×20

1	2	3	4	5	6	7	8	9	10

20	19	18	17	16	15	14	13	12	11

三 部首名と部首 (10)

10	9	8	7	6	5	4	3	2	1

1×10

五 じゅく語の構成(記号) (20)

10	9	8	7	6	5	4	3	2	1

2×10

七 対義語・類義語(一字) (20)

10	9	8	7	6	5	4	3	2	1

2×10

10	9	8

十 同じ読みの漢字 (18)

9	8	7	6	5	4	3	2	1

2×9

20	19	18	17	16	15	14	13	12	11

/200

部首一覧表

表の上には部首を画数順に配列し、下には漢字の中で占める位置によって形が変化するものや特別な名称を持つものを示す。

偏(へん)…　旁(つくり)…　冠(かんむり)…　脚(あし)…　垂(たれ)…　繞(にょう)…　構(かまえ)…

番号	部首	形	位置	名称
	一画			
1	【一】	一		いち
2	【丨】	丨		ぼう たてぼう
3	【丶】	丶		てん
4	【丿】	丿		の はらいぼう
5	【乙】	乙		おつ
		し	旁	おつ
6	【亅】	亅		はねぼう
	二画			
7	【二】	二		に
8	【亠】	亠	冠	なべぶた けいさんかんむり
9	【人】	人		ひと
		亻	偏	にんべん
		𠆢	冠	ひとやね
10	【入】	入		いる
11	【儿】	儿		ひとあし にんにょう
12	【八】	八		はち
		ハ	脚	は
13	【冂】	冂	構	どうがまえ けいがまえ まきがまえ
14	【冖】	冖	冠	わかんむり
15	【冫】	冫		にすい
16	【几】	几		つくえ
17	【凵】	凵		うけばこ
18	【刀】	刀		かたな
		刂	旁	りっとう
19	【力】	力		ちから
20	【勹】	勹	構	つつみがまえ
21	【匕】	匕		ひ
22	【匚】	匚	構	はこがまえ
23	【匸】	匸	構	かくしがまえ
24	【十】	十		じゅう
25	【卜】	卜		と うらない
26	【卩】	卩		わりふ ふしづくり
26	【卩】	㔾		わりふ ふしづくり
27	【厂】	厂	垂	がんだれ
28	【厶】	厶		む
29	【又】	又		また
	三画			
30	【口】	口		くち
		口	偏	くちへん
31	【囗】	囗	構	くにがまえ
32	【土】	土		つち
		土	偏	つちへん
33	【士】	士		さむらい
34	【夂】	夂	脚	すいにょう ふゆがしら
35	【夕】	夕		た ゆうべ
36	【大】	大		だい
37	【女】	女		おんな
		女	偏	おんなへん
38	【子】	子		こ
38	【子】	子	偏	こへん
39	【宀】	宀	冠	うかんむり
40	【寸】	寸		すん
41	【小】	小		しょう
		⺌	冠	しょう
42	【尢】	尢		だいのまげあし
43	【尸】	尸	垂	かばね しかばね
44	【屮】	屮		てつ
45	【山】	山		やま
		山	偏	やまへん
46	【川】	川		かわ
		巛		かわ
47	【工】	工		え たくみ
		工	偏	たくみへん
48	【己】	己		おのれ
49	【巾】	巾		はば
		巾	偏	はばへん きんべん

番号	部首	字形	名称
50	【干】	干	かん / いちじゅう
51	【幺】	幺	よう / いとがしら
52	【广】	广	まだれ
53	【廴】	廴	えんにょう
54	【廾】	廾	こまぬき / にじゅうあし
55	【弋】	弋	しきがまえ
56	【弓】	弓	ゆみ
		弓	ゆみへん
57	【彐】	彑	けいがしら
58	【彡】	彡	さんづくり
59	【彳】	彳	ぎょうにんべん
60	【⺍】	⺍	つかんむり

忄↓心　扌↓手
氵↓水　犭↓犬
艹↓艸　辶↓辵
阝(旁)↓邑　阝(偏)↓阜

四画

番号	部首	字形	名称
61	【心】	心	こころ
		忄	りっしんべん
		⺗	したごころ
62	【戈】	戈	ほこづくり / ほこがまえ
63	【戸】	戸	と
		戸	とだれ / とかんむり
64	【手】	手	て
		扌	てへん
65	【支】	支	し
66	【攴】	攵	のぶん / ぼくづくり
67	【文】	文	ぶん
68	【斗】	斗	とます
69	【斤】	斤	きん
		斤	おのづくり
70	【方】	方	ほう
		方	ほうへん / かたへん
71	【日】	日	ひ
		日	ひへん
72	【曰】	曰	ひらび / いわく
73	【月】	月	つき
		月	つきへん
74	【木】	木	き
		木	きへん
75	【欠】	欠	あくび / かける
76	【止】	止	とめる
77	【歹】	歹	かばねへん / いちたへん / がつへん
78	【殳】	殳	るまた / ほこづくり
79	【毋】	毋	なかれ
80	【比】	比	ならびひ / くらべる
81	【毛】	毛	け
82	【氏】	氏	うじ
83	【气】	气	きがまえ
84	【水】	水	みず
		氵	さんずい
		氺	したみず
85	【火】	火	ひ
		火	ひへん
		灬	れんが / れっか
86	【爪】	爪	つめ
		爫	つめかんむり / つめがしら
87	【父】	父	ちち
88	【片】	片	かた
88	【片】	片	かたへん
89	【牙】	牙	きば
90	【牛】	牛	うし
		牛	うしへん
91	【犬】	犬	いぬ
		犭	けものへん

王・⺩↓玉　礻↓示
耂↓老　辶↓辵

五画

番号	部首	字形	名称
92	【玄】	玄	げん
93	【玉】	玉	たま
		王	おう
		⺩	おうへん / たまへん
94	【瓦】	瓦	かわら
95	【甘】	甘	かん / あまい
96	【生】	生	うまれる
97	【用】	用	もちいる
98	【田】	田	た
		田	たへん
99	【疋】	疋	ひき

番号	部首	字形	名称
99	【疋】	𤴔	ひきへん
100	【疒】	疒	やまいだれ
101	【癶】	癶	はつがしら
102	【白】	白	しろ
103	【皮】	皮	けがわ
104	【皿】	皿	さら
105	【目】	目	め
		目	めへん
106	【矛】	矛	ほこ
107	【矢】	矢	や
		矢	やへん
108	【无】	旡	なし ぶ すでのつくり
109	【石】	石	いし
		石	いしへん
110	【示】	示	しめす
		ネ	しめすへん
111	【禾】	禾	のぎ
		禾	のぎへん
112	【穴】	穴	あな
		穴	あなかんむり
113	【立】	立	たつ
		立	たつへん

氺→水　衤→衣　罒→网

六画

番号	部首	字形	名称
114	【竹】	竹	たけ
		⺮	たけかんむり
115	【米】	米	こめ
		米	こめへん
116	【糸】	糸	いと
		糸	いとへん
117	【缶】	缶	ほとぎ
118	【网】	罒	あみがしら あみめ よこめ
119	【羊】	羊	ひつじ
120	【羽】	羽	はね
121	【老】	耂	おいかんむり おいがしら
122	【而】	而	しかして しこうして
123	【耒】	耒	すきへん らいすき
124	【耳】	耳	みみ
		耳	みみへん
125	【聿】	聿	ふでづくり
126	【肉】	肉	にく
		月	にくづき
127	【自】	自	みずから
128	【至】	至	いたる
129	【臼】	臼	うす
130	【舌】	舌	した
131	【舟】	舟	ふね
		舟	ふねへん
132	【艮】	艮	ねづくり こんづくり
133	【色】	色	いろ
134	【艸】	艹	くさかんむり
135	【虍】	虍	とらがしら とらかんむり
136	【虫】	虫	むし
		虫	むしへん
137	【血】	血	ち
138	【行】	行	ぎょう
		行	ぎょうがまえ ゆきがまえ
139	【衣】	衣	ころも
		衤	ころもへん
140	【襾】	西	にし
		覀	おおいかんむり

七画

番号	部首	字形	名称
141	【見】	見	みる
142	【臣】	臣	しん
143	【角】	角	かく つの
		角	つのへん
144	【言】	言	げん
		言	ごんべん
145	【谷】	谷	たに
146	【豆】	豆	まめ
147	【豕】	豕	ぶた いのこ
148	【豸】	豸	むじなへん
149	【貝】	貝	かい こがい
		貝	かいへん
150	【赤】	赤	あか
151	【走】	走	はしる

番号	部首	形	名前
151	【走】	走	そうにょう
152	【足】	足	あし
		⻊	あしへん
153	【身】	身	み
154	【車】	車	くるま
		車	くるまへん
155	【辛】	辛	からい
156	【辰】	辰	しんのたつ
157	【辵】	辶	しんにょう しんにゅう
		⻌	しんにょう しんにゅう
158	【邑】	阝	おおざと
159	【酉】	酉	ひよみのとり
		酉	とりへん
160	【釆】	釆	のごめ
		釆	のごめへん
161	【里】	里	さと
		里	さとへん
162	【舛】	舛	まいあし
163	【麦】	麦	むぎ
		麦	ばくにょう
八画			
164	【金】	金	かね
		金	かねへん
165	【長】	長	ながい
166	【門】	門	もん
		門	もんがまえ
167	【阜】	阜	おか
		阝	こざとへん
168	【隶】	隶	れいづくり
169	【隹】	隹	ふるとり
170	【雨】	雨	あめ
		雨	あめかんむり
171	【青】	青	あお
172	【非】	非	あらず ひ
173	【斉】	斉	せい
九画			
174	【面】	面	めん
175	【革】	革	かくのかわ つくりがわ
		革	かわへん
176	【音】	音	おと
177	【頁】	頁	おおがい
178	【風】	風	かぜ
179	【飛】	飛	とぶ
180	【食】	食	しょく
		飠	しょくへん
		𩙿	しょくへん
181	【首】	首	くび
182	【香】	香	か かおり
十画			
183	【馬】	馬	うま
		馬	うまへん
184	【骨】	骨	ほね
		骨	ほねへん
185	【高】	高	たかい
186	【髟】	髟	かみがしら
187	【鬯】	鬯	ちょう
188	【鬼】	鬼	おに
		鬼	きにょう
189	【韋】	韋	なめしがわ
190	【竜】	竜	りゅう
十一画			
191	【魚】	魚	うお
		魚	うおへん
192	【鳥】	鳥	とり
193	【鹿】	鹿	しか
194	【麻】	麻	あさ
195	【黄】	黄	き
196	【黒】	黒	くろ
197	【亀】	亀	かめ
十二画			
198	【歯】	歯	は
		歯	はへん
十三画			
199	【鼓】	鼓	つづみ
十四画			
200	【鼻】	鼻	はな

※注「⻌」については「遡・遜」のみに適用。「𩙿」については「餌・餅」のみに適用。

10 学年別漢字配当表

「小学校学習指導要領」（令和2年4月実施）による。

	1年【10級】	2年【9級】	3年【8級】	4年【7級】	5年【6級】	6年【5級】
ア			悪安暗	愛案	圧	
イ	一	引	医委意育員院飲	以衣位茨印	囲移因	胃異遺域
ウ	右雨	羽雲	運			宇
エ	円	園遠	泳駅	英栄媛塩	永営衛易益液演	映延沿
オ	王音		央横屋温	岡億	応往桜	恩
カ	下火花貝学	何科夏家歌画回会海絵外角楽活間丸岩顔	化荷界開階寒感漢館岸	加果貨課芽賀改械害街各覚潟完官管関観願	可仮価河過快解格確額刊幹慣眼	我灰拡革閣割株干巻看簡
キ	気九休玉金	汽記帰弓牛魚京強教近	起期客究急級宮球去橋業曲局銀	岐希季旗器機議求泣給挙漁共協鏡競極	紀基寄規喜技義逆久旧救居許境均禁	危机揮貴疑吸供胸郷勤筋
ク	空		区苦具君	熊訓軍郡群	句	
ケ	月犬見	兄形計元言原	係軽血決研県	径景芸欠結建健験	型経潔件険検限現減	系敬警劇激穴券絹権憲源厳
コ	五口校	戸古午後語工公広交光考行高黄合谷国黒今	庫湖向幸港号根	固功好香候康	故個護効厚耕航鉱構興講告混	己呼誤后孝皇紅降鋼刻穀骨困
サ	左三山	才細作算	祭皿	佐差菜最埼材崎昨札刷察参産散残	査再災妻採際在財罪殺雑酸賛	砂座済裁策冊蚕

シ	子四糸字耳七	止市矢姉思紙	仕死使始指歯	氏司試児治滋	士支史志枝師	至私姿視詞誌
	車手十出女小	寺自時室社弱	詩次事持式実	辞鹿失借種周	資飼示似識質	磁射捨尺若樹
	上森人	首秋週春書少	写者主守取酒	祝順初松笑唱	舎謝授修述術	収宗就衆従縦
		場色食心新親	受州拾終習集	焼照城縄臣信	準序招証象賞	縮熟純処署諸
			住重宿所暑助		条状常情織職	除承将傷障蒸
			昭消商章勝乗			針仁
			植申身神真深			
			進			
ス	水	図数				垂推寸
セ	正生青夕石赤	西声星晴切雪	世整昔全	井成省清静席	制性政勢精製	盛聖誠舌宣専
	千川先	船線前		積折節説浅戦	税責績接設絶	泉洗染銭善
				選然		
ソ	早草足村	組走	相送想息速族	争倉巣束側続	祖素総造像増	奏窓創装層操
				卒孫	則測属率損	蔵臓存尊
タ	大男	多太体台	他打対待代第	帯隊達単	貸態団断	退宅担探誕段
			題炭短談			暖
チ	竹中虫町	地池知茶昼長	着注柱丁帳調	置仲沖兆	築貯張	値宙忠著庁頂
		鳥朝直				腸潮賃
ツ		通	追			痛
テ	天田	弟店点電	定庭笛鉄転	低底的典伝	停提程適	敵展
ト	土	刀冬当東答頭	都度投豆島湯	徒努灯働特徳	統堂銅導得毒	討党糖届
		同道読	登等動童	栃	独	
ナ		内南		奈梨		難
ニ	二日入	肉			任	乳認
ネ	年			熱念	燃	

読み	1年【10級】	2年【9級】	3年【8級】	4年【7級】	5年【6級】	6年【5級】
ノ			農		能	納脳
ハ	白八	馬売買麦半番	波配倍箱畑発	敗梅博阪飯	破犯判版	派拝背肺俳班
			反坂板			晩
ヒ	百		皮悲美鼻筆氷	飛必票標	比肥非費備評	否批秘俵
			表秒病品		貧	
フ	文	父風分聞	負部服福物	不夫付府阜富	布婦武復複仏	腹奮
				副	粉	
ヘ		米	平返勉	兵別辺変便	編弁	並陛閉片
ホ	木本	歩母方北	放	包法望牧	保墓報豊防貿	補暮宝訪亡忘
					暴	棒
マ		毎妹万		末満		枚幕
ミ			味	未民	脈	密
ム				無	務夢	
メ	名	明鳴	命面		迷綿	盟
モ	目	毛門	問			模
ヤ		夜野	役薬	約		訳
ユ		友	由油有遊	勇	輸	郵優
ヨ		用曜	予羊洋葉陽様	要養浴	余容	預幼欲翌
ラ		来	落			乱卵覧
リ	立力林	里理	流旅両緑	利陸良料量輪	略留領	裏律臨
ル				類		
レ			礼列練	令冷例連	歴	
ロ	六		路	老労録		朗論
ワ		話	和			
	学年字数 80字 累計字数 80字	学年字数 160字 累計字数 240字	学年字数 200字 累計字数 440字	学年字数 202字 累計字数 642字	学年字数 193字 累計字数 835字	学年字数 191字 累計字数 1026字

二とおりの読み／注意すべき読み

↓のようにも読める。

「常用漢字表」（平成22年）本表備考欄による。

二とおりの読み

遺言	ユイゴン	↓	イゴン
奥義	オウギ	↓	おくギ
堪能	カンノウ	↓	タンノウ
吉日	キチジツ	↓	キツジツ
兄弟	キョウダイ	↓	ケイテイ
甲板	カンパン	↓	コウハン
合点	ガッテン	↓	ガテン
昆布	コンブ	↓	コブ
紺屋	コンや	↓	コウや
詩歌	シカ	↓	シイカ
七日	なのか	↓	なぬか
老若	ロウニャク	↓	ロウジャク
寂然	セキゼン	↓	ジャクネン
法主	ホッス	↓	ホウシュ ホッシュ
十	ジッ	↓	ジュッ
情緒	ジョウチョ	↓	ジョウショ
憧憬	ショウケイ	↓	ドウケイ
人数	ニンズ	↓	ニンズウ
寄贈	キソウ	↓	キゾウ
側	がわ	↓	かわ
唾	つば	↓	つばき
愛着	アイジャク	↓	アイチャク
執着	シュウジャク	↓	シュウチャク
貼付	チョウフ	↓	テンプ
難しい	むずかしい	↓	むつかしい
分泌	ブンピツ	↓	ブンピ
富貴	フウキ	↓	フッキ
文字	モンジ	↓	モジ
大望	タイモウ	↓	タイボウ
頬	ほお	↓	ほほ
末子	バッシ	↓	マッシ
末弟	バッテイ	↓	マッテイ
免れる	まぬかれる	↓	まぬがれる
妄言	ボウゲン	↓	モウゲン
面目	メンボク	↓	メンモク
問屋	とんや	↓	といや
礼拝	ライハイ	↓	レイハイ

注意すべき読み

三位一体	サンミイッタイ
従三位	ジュサンミ
一羽	イチわ
三羽	サンば
六羽	ロッぱ
春雨	はるさめ
小雨	こさめ
霧雨	きりさめ
因縁	インネン
親王	シンノウ
勤王	キンノウ
反応	ハンノウ
順応	ジュンノウ
観音	カンノン
安穏	アンノン
天皇	テンノウ
身上	シンショウ シンジョウ （読み方により意味が違う）
一把	イチワ
三把	サンバ
十把	ジッ（ジュッ）パ

10 常用漢字表 付表（熟字訓・当て字など）

＊小・中・高：小学校・中学校・高等学校のどの時点で学習するかの割り振りを示した。

※以下に挙げられている語を構成要素の一部とする熟語に用いてもかまわない。

例「河岸（かし）」→「魚河岸（うおがし）」／「居士（こじ）」→「一言居士（いちげんこじ）」

付表1

語	読み	小	中	高
明日	あす	●		
小豆	あずき		●	
海女・海士	あま			●
硫黄	いおう		●	
意気地	いくじ		●	
田舎	いなか		●	
息吹	いぶき			●
海原	うなばら		●	
乳母	うば		●	
浮気	うわき			●
浮つく	うわつく		●	
笑顔	えがお		●	
叔父・伯父	おじ		●	
大人	おとな	●		
乙女	おとめ		●	
叔母・伯母	おば		●	
お巡りさん	おまわりさん		●	
お神酒	おみき			●
母屋 母家	おもや			●
母さん	かあさん	●		
神楽	かぐら			●
河岸	かし			●
鍛冶	かじ		●	
風邪	かぜ		●	
固唾	かたず		●	
仮名	かな		●	
蚊帳	かや			●
為替	かわせ		●	
河原・川原	かわら	●		
昨日	きのう	●		
今日	きょう	●		
果物	くだもの	●		
玄人	くろうと			●
今朝	けさ	●		
景色	けしき	●		
心地	ここち		●	
居士	こじ			●
今年	ことし	●		
早乙女	さおとめ		●	
雑魚	ざこ			●
桟敷	さじき			●
差し支える	さしつかえる		●	
五月	さつき		●	
早苗	さなえ		●	
五月雨	さみだれ		●	
時雨	しぐれ		●	
尻尾	しっぽ		●	
竹刀	しない		●	
老舗	しにせ		●	
芝生	しばふ		●	
清水	しみず	●		
三味線	しゃみせん		●	
砂利	じゃり		●	
数珠	じゅず			●
上手	じょうず	●		

付表2

白髪	しらが		●	
素人	しろうと			●
師走	しわす（しはす）			●
数寄屋 数奇屋	すきや			●
相撲	すもう		●	
草履	ぞうり		●	
山車	だし			●
太刀	たち		●	
立ち退く	たちのく		●	
七夕	たなばた	●		
足袋	たび		●	
稚児	ちご			●
一日	ついたち	●		
築山	つきやま			●
梅雨	つゆ		●	
凸凹	でこぼこ		●	
手伝う	てつだう	●		
伝馬船	てんません			●
投網	とあみ			●
父さん	とうさん	●		
十重二十重	とえはたえ			●
読経	どきょう			●
時計	とけい	●		
友達	ともだち	●		
仲人	なこうど			●
名残	なごり		●	
雪崩	なだれ		●	
兄さん	にいさん	●		
姉さん	ねえさん	●		
野良	のら			●
祝詞	のりと			●
博士	はかせ	●		
二十 二十歳	はたち		●	
二十日	はつか	●		
波止場	はとば		●	
一人	ひとり	●		
日和	ひより		●	
二人	ふたり	●		
二日	ふつか	●		
吹雪	ふぶき		●	
下手	へた	●		
部屋	へや	●		
迷子	まいご	●		
真面目	まじめ	●		
真っ赤	まっか	●		
真っ青	まっさお	●		
土産	みやげ		●	
息子	むすこ		●	
眼鏡	めがね	●		
猛者	もさ			●
紅葉	もみじ		●	
木綿	もめん		●	
最寄り	もより		●	
八百長	やおちょう			●
八百屋	やおや	●		
大和	やまと		●	
弥生	やよい		●	
浴衣	ゆかた			●
行方	ゆくえ		●	
寄席	よせ			●
若人	わこうど		●	

愛媛	えひめ	●		
茨城	いばらき	●		
岐阜	ぎふ	●		
鹿児島	かごしま	●		
滋賀	しが	●		
宮城	みやぎ	●		
神奈川	かながわ	●		
鳥取	とっとり	●		
大阪	おおさか	●		
富山	とやま	●		
大分	おおいた	●		
奈良	なら	●		

■「いちまる」キャラクターイラスト:kaorimix

いちまるとはじめよう! わくわく漢検 6級 改訂版

2023年 11月20日 第1版第5刷 発行
編 者 公益財団法人 日本漢字能力検定協会
発行者 山崎 信夫
印刷所 三松堂株式会社

発行所 公益財団法人 **日本漢字能力検定協会**
〒605-0074 京都市東山区祇園町南側551番地
☎(075)757-8600
ホームページhttps://www.kanken.or.jp/

Printed in Japan
ISBN978-4-89096-416-1 C0081
乱丁・落丁本はお取り替えいたします。

6級

いちまるとはじめよう！ わくわく漢検

改訂版

＊答えは別冊になっています。
とりはずして使ってください。

＊答えをとじているはり金でけがを
しないよう気をつけてください。

名前

漢検 公益財団法人 日本漢字能力検定協会

700416 (1-5)

練習問題

1週目

1日目

p.11

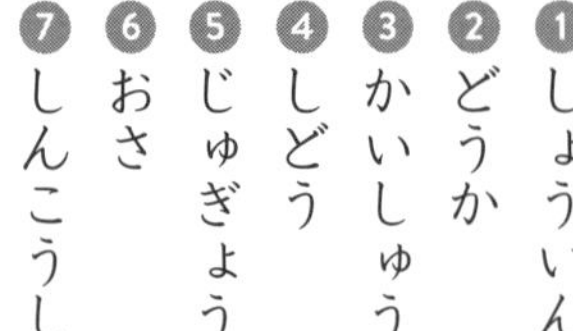

1

1. しょういん
2. どうか
3. かいしゅう
4. しどう
5. じゅぎょう
6. おさ
7. しんこうしゃ
8. えいようそ
9. こうせき
10. しゅうがく

2

1. 銅
2. 校舎
3. 鉄鉱
4. 原因
5. 導
6. 道徳
7. 群
8. 年賀
9. 炭素
10. 修理

練習問題

2日目

p.13

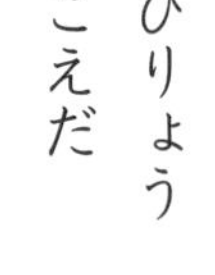

1

1. さくら
2. うんが
3. たがや
4. しいく
5. ひりょう
6. こえだ
7. こ
8. みき
9. こうち
10. かふん

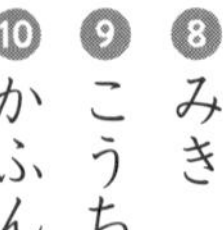

2

1. ケ
2. エ
3. キ
4. オ
5. イ
6. カ
7. ウ
8. ク

練習問題

3日目

p.15

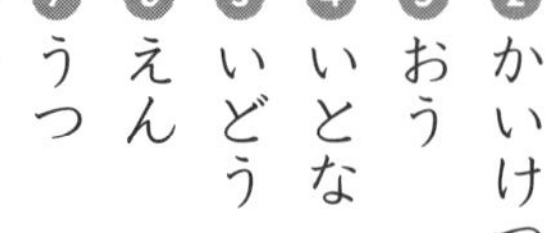

1

1. こうきあつ
2. かいけつ
3. おう
4. いとな
5. いどう
6. えん
7. うつ
8. かこ
9. えいぎょう
10. す

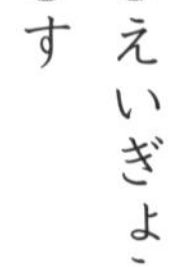

2

1. 舎
2. 圧
3. 飼
4. 鉱
5. 幹
6. 演
7. 素
8. 応

練習問題

4日目

p.17

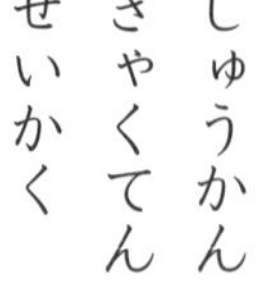

1

1. ま
2. ゆる
3. しゅうかん
4. ぎゃくてん
5. せいかく
6. ちょうさ
7. さか
8. たし
9. きげん
10. よ

2

1. イ
2. ア
3. ア
4. イ
5. イ
6. ア
7. イ
8. ア
9. ア
10. イ

5日目 練習問題 p.19

1

① と
② かんしゃ
③ せ
④ しょうたい
⑤ せっせん
⑥ さんせい
⑦ まね
⑧ せつぞく
⑨ ささ
⑩ しめ

2

① 圧
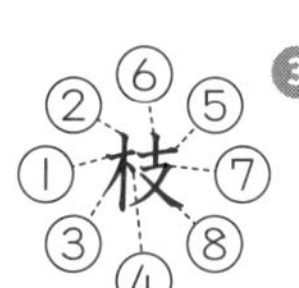

② 示

③ 枝

④ 応

6日目 復習問題 p.20 p.21

1

① イ
② ウ
③ ア
④ ア
⑤ イ
⑥ ウ

2

① 調査
② 銀河
③ 期限
④ 枝
⑤ 支
⑥ 銅
⑦ 粉
⑧ 肥料
⑨ 寄
⑩ 慣

3

① 修める
② 招く
③ 移す
④ 許す
⑤ 逆らう

4

① 低気圧
② 応用
③ 幹
④ 囲
⑤ 出演
⑥ 感謝
⑦ 接近
⑧ 桜
⑨ 耕
⑩ 飼

2週目 7日目 練習問題 p.25

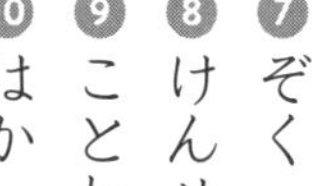
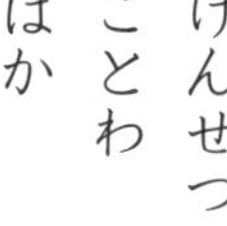

1

① は
② ぜっこう
③ ていしゃ
④ そくてい
⑤ か
⑥ た
⑦ ぞく
⑧ けんせつ
⑨ ことわ
⑩ はか

2

① 銅
② 設
③ 圧
④ 枝
⑤ 河

練習問題

8日目 p.27

1
① とういつ
② も
③ まか
④ でんとう
⑤ ていしゅつ
⑥ やぶ
⑦ しゅび
⑧ ねんりょう
⑨ ひょう
⑩ そな

2
① カ・2
② オ・3
③ エ・5
④ ウ・6
⑤ イ・4

練習問題

9日目 p.29

1
① たも
② と
③ まよ
④ つと
⑤ るすばん
⑥ ほかん
⑦ びよう
⑧ ようき
⑨ えいきゅう
⑩ あま

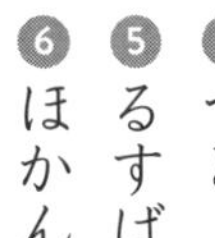

2
① 測る
② 確かめる
③ 任せる
④ 久しい
⑤ 破れる

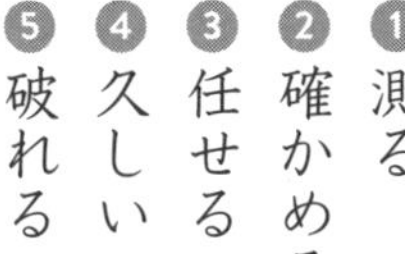

練習問題

10日目 p.31

1
① おんてい
② こんざつ
③ にってい
④ いんしょう
⑤ せいけつ
⑥ あつで
⑦ やさ
⑧ ていじ
⑨ ざっそう
⑩ せいりょく

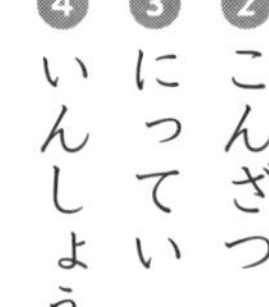

2
① イ
② ア
③ イ
④ ア

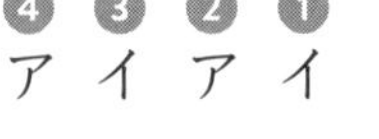

練習問題

11日目 p.33

1
① にくがん
② せい
③ きょうし
④ みゃく
⑤ しょうどく
⑥ けつえき
⑦ つま
⑧ しゅふ
⑨ みゃく
⑩ がんか

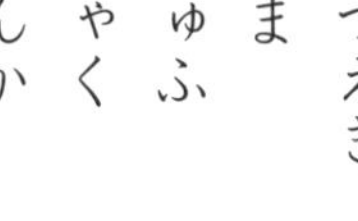

2
① キ
② カ
③ ウ
④ ク
⑤ ア
⑥ エ
⑦ オ
⑧ イ

復習問題

12日目

p.34
p.35

1

① 採
② 保
③ 断
④ 寄
⑤ 絶

2

① 肉眼
② 提案
③ 伝統
④ 迷
⑤ 山脈
⑥ 観測
⑦ 金属
⑧ 気象
⑨ 分厚
⑩ 余

3

① 停
② 支
③ 無
④ 液
⑤ 賛
⑥ 師
⑦ 任
⑧ 久
⑨ 標
⑩ 備

4

① 燃
② 設
③ 程度
④ 貸
⑤ 混雑
⑥ 婦人
⑦ 内容
⑧ 留学
⑨ 張
⑩ 勢

練習問題

3週目

13日目

p.39

1

① こころよ
② はんざい
③ けいかい
④ ぎむ
⑤ きょうみ
⑥ あつ
⑦ こころざ
⑧ かいせい
⑨ しぼうこう
⑩ つみ

2

① 喜ぶ
② 備える
③ 余る
④ 易しい
⑤ 勢い
⑥ 限り

練習問題

14日目

p.41

1

① こせいてき
② そうごう
③ かくりつ
④ どくしょう
⑤ ひと
⑥ ふたた
⑦ ふくすう
⑧ ようけん
⑨ ばいりつ
⑩ だんけつ

2

① エ
② イ
③ カ
④ ア
⑤ オ
⑥ ウ

練習問題

15日目 p.43

①しょうじょう
②くとうてん
③かり
④せいき
⑤かんしょう
⑥かんこう
⑦さいりよう
⑧ひき
⑨つ
⑩ねんがじょう

①独立
②広告
③朝刊
④保育
⑤犯罪
⑥喜
⑦清潔
⑧志望
⑨団体
⑩毒

練習問題

16日目 p.45

①ひょうばん
②べんとう
③はんが
④しゅっぱん
⑤ちょうへん
⑥へんしゅう
⑦の
⑧しょうめい
⑨あ
⑩じゅんじょ

①3・5
②10・12
③6・13
④7・15
⑤3・9

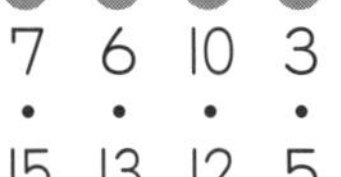

⑥5・10
⑦5・14
⑧8・10
⑨11・16
⑩3・11

練習問題

17日目 p.47

①しんがた
②じょうぎ
③ひりつ
④じゅんび
⑤へいきん
⑥に
⑦こがた
⑧くら
⑨はんそく
⑩ごうかく

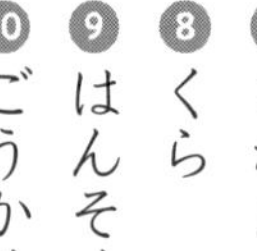

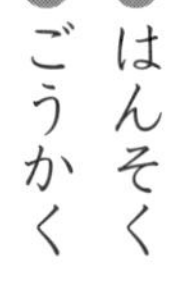

①謝
②再
③複
④犯
⑤規
⑥格
⑦状
⑧準

復習問題

18日目 p.48 p.49

①ア
②ア
③ウ
④ア
⑤エ
⑥イ
⑦ウ
⑧イ

①比
②久
③述
④個室
⑤均等
⑥語句
⑦編集
⑧駅弁
⑨破
⑩任

3

1 イ
2 ウ
3 ア
4 イ
5 ウ
6 ア

4

1 規則
2 賞状
3 準備
4 世紀
5 似
6 停車
7 新型
8 率
9 再開
10 授業

練習問題 4週目 19日目 p.53

1

1 かかく
2 かいきん
3 せいぞう
4 しんせいひん
5 ひたい
6 きんがく
7 りえき
8 けいえい
9 けっこう
10 つく

2

1 益
2 均
3 則
4 弁
5 造
6 仮
7 証
8 経
9 版
10 率

練習問題 20日目 p.55

1

1 せいじか
2 じょうけん
3 こくさい
4 ぶんかざい
5 せいげん
6 ぜいきん
7 きせい
8 さんそ
9 せいせき
10 せい

2

1 ウ・广
2 イ・亻
3 エ・言
4 カ・糸
5 オ・忄

練習問題 21日目 p.57

1

1 ちょきん
2 はいふ
3 ぼうえき
4 しょうひぜい
5 りょうど
6 わたげ
7 ゆそう
8 きず
9 ぬの
10 めん

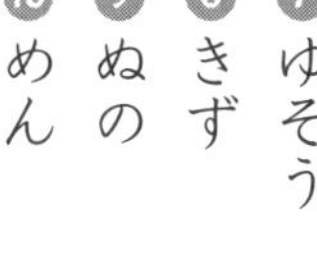

2

1 ア
2 ア
3 ウ
4 ウ
5 エ
6 イ
7 エ
8 ウ
9 エ
10 イ

練習問題 22日目

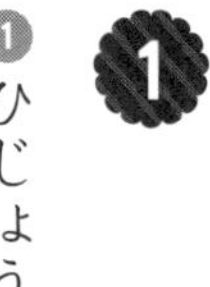

p.59

1

① ひじょうぐち
② あば
③ つね
④ さいがい
⑤ ぼうふうう
⑥ すく
⑦ ぼうさい
⑧ ほうどう
⑨ ふせ
⑩ ひこうし

2

① 5・15
② 6・10
③ 5・12
④ 9・12
⑤ 4・7

⑥ 7・17
⑦ 4・12
⑧ 7・14
⑨ 3・11
⑩ 2・8

練習問題 23日目

p.61

1

① きほんてき
② ぎじどう
③ がぞう
④ きじゅん
⑤ か
⑥ そうぞう
⑦ ぶつぞう
⑧ そぼ
⑨ はかまい
⑩ ほとけ

2

① 非
② 可
③ 述
④ 逆
⑤ 祖
⑥ 序
⑦ 経
⑧ 築
⑨ 輪
⑩ 句

復習問題 24日目

p.62
p.63

1

① 非
② 費
③ 禁
④ 均
⑤ 政

⑥ 制
⑦ 格
⑧ 確
⑨ 価
⑩ 可

2

① 暴力
② 救助
③ 想像
④ 条件
⑤ 防災
⑥ 祖父
⑦ 貯金
⑧ 士
⑨ 通過
⑩ 建築

3

① エ
② ア
③ ア
④ ウ
⑤ ア

⑥ イ
⑦ ア
⑧ ウ
⑨ ウ
⑩ ア

4

① 本堂
② 輸出
③ 不潔
④ 航海
⑤ 額
⑥ 税金
⑦ 酸素
⑧ 経営
⑨ 責任
⑩ 貿易

練習問題

5週目

25日目 p.67

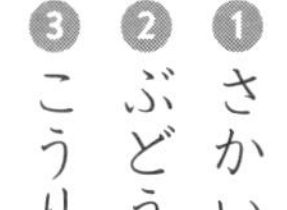

1

① さかい
② ぶどう
③ こうりつ
④ れきし
⑤ き
⑥ ゆうこう
⑦ てき
⑧ しんきょう
⑨ ころ
⑩ りゃくず

2

① カ
② イ
③ ア
④ ウ
⑤ オ
⑥ エ

練習問題

26日目 p.69

1

① ほご
② ぎじゅつ
③ いま
④ ざいこうせい
⑤ びじゅつかん
⑥ きゅうしき
⑦ きょうぎかい
⑧ じこ
⑨ えいせい
⑩ じつざい

2

① 護
② 祖
③ 績
④ 輪
⑤ 災
⑥ 衛
⑦ 旧
⑧ 非
⑨ 防
⑩ 境

練習問題

27日目 p.71

1

① しりょう
② むちゅう
③ ま
④ おうふく
⑤ あらわ
⑥ しつもん
⑦ げんしょう
⑧ ふっこう
⑨ へ
⑩ かいふく

2

① 適
② 往
③ 略
④ 殺
⑤ 質
⑥ 衛
⑦ 在
⑧ 版
⑨ 居
⑩ 保

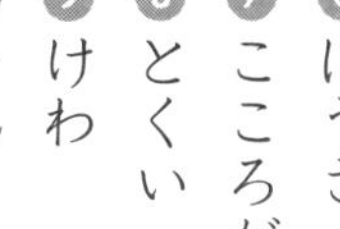

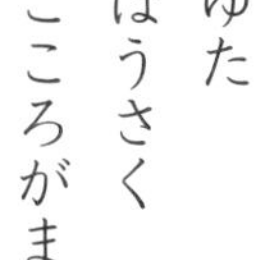

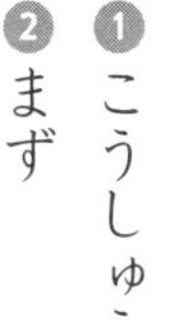

練習問題

28日目 p.73

1

① こうしゅう
② まず
③ けんさ
④ こうせい
⑤ ゆた
⑥ ほうさく
⑦ こころがま
⑧ とくい
⑨ けわ
⑩ そん

2

① イ
② ア
③ イ
④ ウ
⑤ ウ
⑥ ア
⑦ ア
⑧ イ
⑨ エ
⑩ エ

29日目 練習問題 p.75

1

① せいしんりょく
② きのう
③ ちしき
④ せいたい
⑤ しんじょう
⑥ しょくぎょう
⑦ のうりつ
⑧ おりもの
⑨ かま
⑩ なさ

2

① イ・心
② エ・貝
③ ウ・言
④ カ・糸
⑤ オ・卩

30日目 復習問題 p.76 p.77

1

① 述べる
② 険しい
③ 貧しい
④ 示す
⑤ 比べる
⑥ 増える

2

① 知識
② 態度
③ 精神
④ 織
⑤ 効果
⑥ 利益
⑦ 職員
⑧ 武道
⑨ 現在
⑩ 損

3

① 減
② 経
③ 資
④ 士
⑤ 紀
⑥ 基
⑦ 航
⑧ 構
⑨ 鉱

4

① 夢
② 品質
③ 得点
④ 往復
⑤ 住居
⑥ 豊富
⑦ 技術
⑧ 境
⑨ 事故
⑩ 歴史

p.8
p.9

漢字で遊ぼう！ わくわく広場 2

＊答えは「評、測、永、程」です。

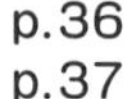

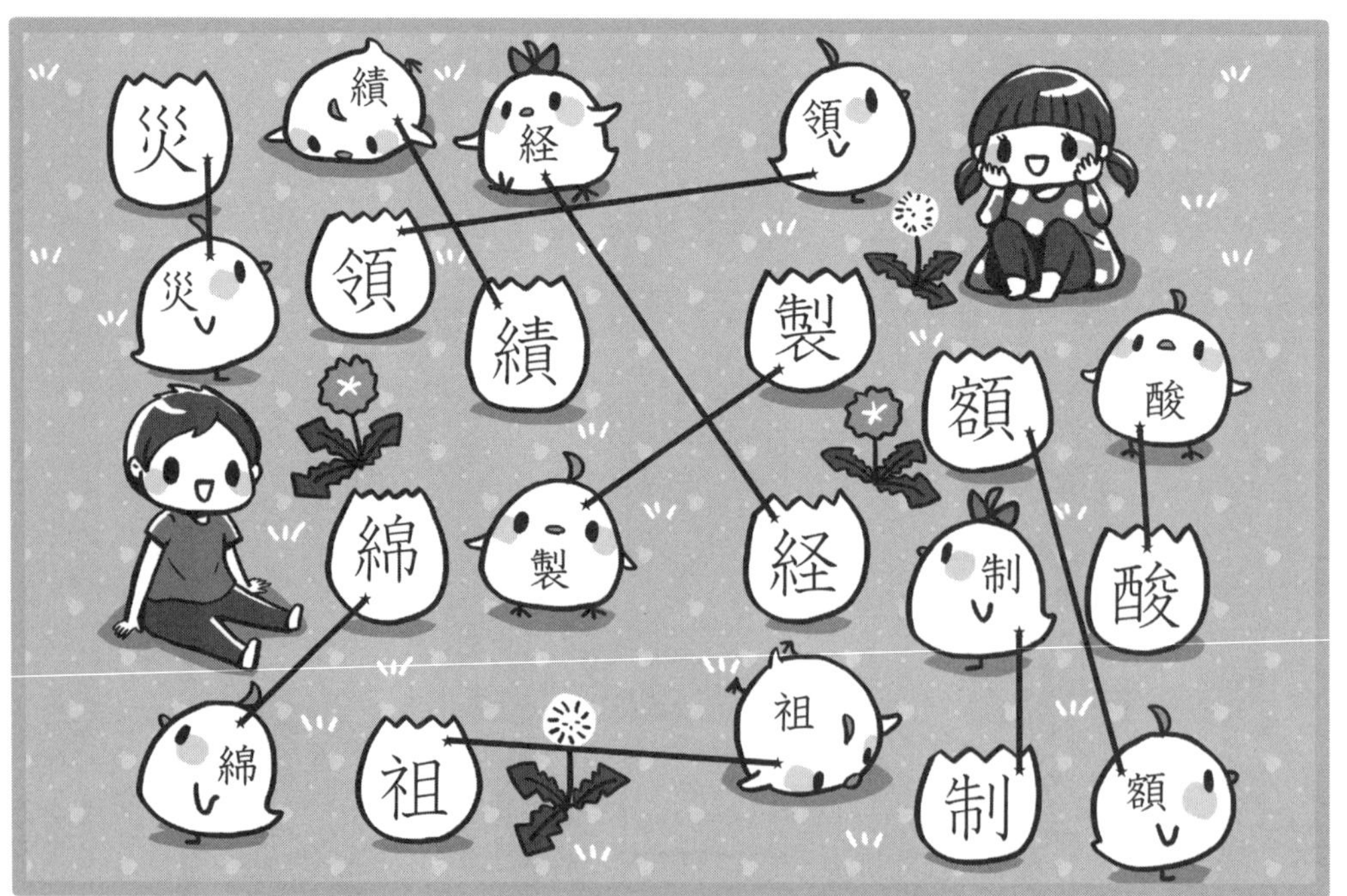

漢字で遊ぼう！ わくわく広場4

p.50
p.51

漢字で遊ぼう！ わくわく広場 5

p.64
p.65

テストにチャレンジ！

p.80〜p.83

一 読み (20) 1×20

1	2	3	4	5	6	7	8	9	10
は	む	しめ	か	つと	と	ていあん	ゆる	たがや	きゅうしき

二 漢字と送りがな（ひらがな） (10) 2×5

1	2	3	4	5
易しい	寄せる	導く	破る	志す

四 画数（算用数字） (10) 1×10

1	2	3	4	5	6	7	8	9	10
6画目	8画	3画目	12画	2画目	8画	5画目	6画	8画目	13画

六 三字のじゅく語（一字） (20) 2×10

1	2	3	4	5	6	7	8	9	10
弁	格	現	統	税	罪	経	祖	眼	衣

八 じゅく語作り（記号） (12) 2×6

1	2	3	4	5	6
ケ	オ	ウ	サ	ク	イ

九 音と訓（記号） (20) 2×10

1	2	3	4	5	6	7
ア	ウ	イ	エ	ア	イ	エ

十 漢字 (40) 2×20

1	2	3	4	5	6	7	8	9	10
枝	燃	率	任	確	道徳	招	雑草	準備	略図

11	12	13	14	15	16	17	18	19	20
こころよ	せいけつ	じょうほう	せいぞう	ちょうさ	しゅっぱん	えんぎ	かま	どう	のう

三 部首名と部首 (10) 1×10

1	2	3	4	5	6	7	8	9	10
カ	心	キ	車	ウ	頁	イ	辶	エ	⺮

五 じゅく語の構成（記号） (20) 2×10

1	2	3	4	5	6	7	8	9	10
イ	ウ	エ	ア	エ	ウ	イ	エ	ア	ウ

七 対義語・類義語（一字） (20) 2×10

1	2	3	4	5	6	7	8	9	10
述	絶	益	因	支	独	応	災	過	興

8	9	10
ウ	ア	ウ

十 同じ読みの漢字 (18) 2×9

1	2	3	4	5	6	7	8	9
慣	鳴	研	件	酸	賛	制	政	精

11	12	13	14	15	16	17	18	19	20
予防	貸	朝刊	設	禁止	減少	美術館	金属	久	余

都道府県名

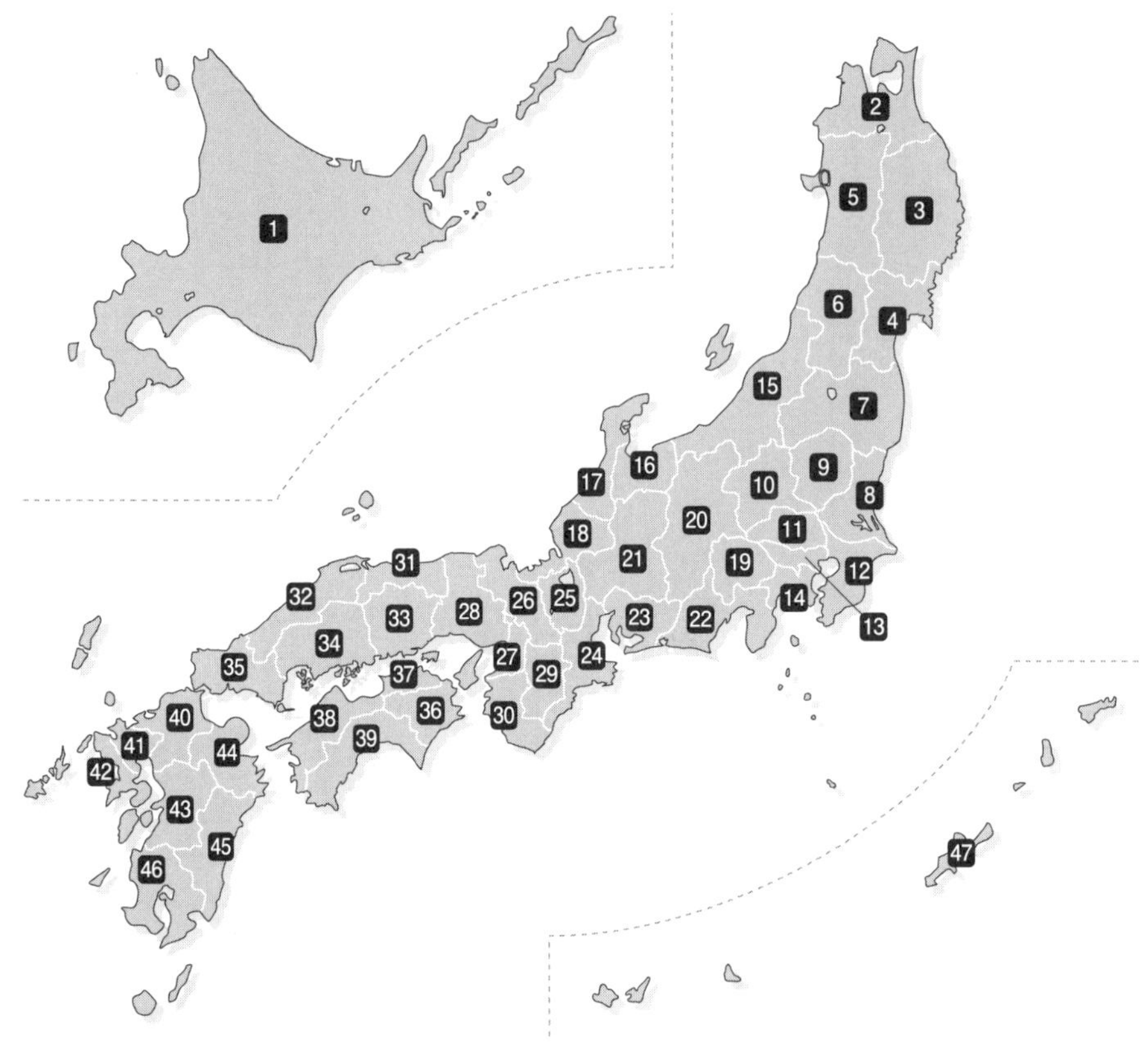

1	2	3	4	5	6	7	8	9	10	11	12	13	14	15	16	17	18	19	20
北海道(ほっかいどう)	青森県(あおもりけん)	岩手県(いわて)	宮城県(みやぎ)	秋田県(あきた)	山形県(やまがた)	福島県(ふくしま)	茨城県(いばらき)	栃木県(とちぎ)	群馬県(ぐんま)	埼玉県(さいたま)	千葉県(ちば)	東京都(とうきょうと)	神奈川県(かながわ)	新潟県(にいがた)	富山県(とやま)	石川県(いしかわ)	福井県(ふくい)	山梨県(やまなし)	長野県(ながの)

21	22	23	24	25	26	27	28	29	30	31	32	33	34	35	36	37	38	39	40
岐阜県(ぎふ)	静岡県(しずおか)	愛知県(あいち)	三重県(みえ)	滋賀県(しが)	京都府(きょうとふ)	大阪府(おおさか)	兵庫県(ひょうご)	奈良県(なら)	和歌山県(わかやま)	鳥取県(とっとり)	島根県(しまね)	岡山県(おかやま)	広島県(ひろしま)	山口県(やまぐち)	徳島県(とくしま)	香川県(かがわ)	愛媛県(えひめ)	高知県(こうち)	福岡県(ふくおか)

41	42	43	44	45	46	47
佐賀県(さが)	長崎県(ながさき)	熊本県(くまもと)	大分県(おおいた)	宮崎県(みやざき)	鹿児島県(かごしま)	沖縄県(おきなわ)